Lira bien
qui lira le dernier

Liberté j'écris ton nom
Collection dirigée par Pascal Durand

La laïcité, fruit du libre examen, n'est pas un état : c'est un combat sans fin, une insurrection de l'esprit contre les certitudes inculquées, les préjugés complices, la pensée ensommeillée.

En se réclamant du poète Paul Éluard, *Liberté j'écris ton nom* se veut déclaration d'amour à la résistance. À toutes les résistances.

Illustration de couverture : © I. Rozenbaum et F. Cirou
Création de mise en page : Denis Schmit

Éditions Labor
Quai du Commerce, 29
1000 Bruxelles

Espace de Libertés
Campus de la Plaine ULB - CP 236
Av. A. Fraiteur
1050 Bruxelles

Visitez les sites
des Éditions Labor
http://www.labor.be
et du CAL-Espace de Libertés
http://www.laicite.be

Adresses électroniques :
labor@labor.be
espace@cal.ulb.ac.be

ISBN Labor 2-8040-1940-3
(ISBN Espace de Libertés 2-930001-59-3)
D/2004/258/85

liberté j'écris ton nom

Lira bien qui lira le dernier

Lettre libertine sur la lecture

Hubert Nyssen

Directeur de la collection : Pascal Durand

ÉDITIONS LABOR / ÉDITIONS ESPACE DE LIBERTÉS

Du même auteur

ESSAIS

Les voies de l'écriture, Mercure de France, 1969.
Lecture d'Albert Cohen, Actes Sud, 1981. Nouv. éd. 1988.
L'éditeur et son double, Actes Sud, vol. I : 1988, II : 1990, III : 1996.
Du texte au livre, les avatars du sens, Nathan 1993.
Éloge de la lecture, suivi de *Lecture d'Albert Cohen*, Les Grandes Conférences, Fides, 1997.
Un Alechinsky peut en cacher un autre, Actes Sud, 2002.
Variations sur les Variations, Actes Sud 2002
Sur les quatre claviers de mon petit orgue : lire, écrire, découvrir, éditer, Leméac/Actes Sud 2002.

ROMANS

Le nom de l'arbre, Grasset, 1973. Passé-Présent n° 53, Babel n° 435.
La mer traversée, Grasset, 1979. Prix Méridien.
Des arbres dans la tête, Grasset, 1982. Grand Prix du Roman de la Société des Gens de Lettres.
Éléonore à Dresde, Actes Sud, 1983. Prix Valery Larbaud, Prix Franz Hellens. Babel n° 14.
Les rois borgnes, Grasset, 1985. Prix de l'Académie française. J'ai Lu n° 2770.
Les ruines de Rome. Grasset, 1989. Babel n° 134.
Les Belles Infidèles, Actes Sud (Polar Sud), 1991. Corps 16, 1997.
La femme du botaniste, Actes Sud, 1992. Babel n° 317.
L'Italienne au rucher, Gallimard, 1995. Grand prix de l'Académie française.
Le bonheur de l'imposture, Actes Sud (Un endroit où aller), 1998. Grand caractère, 1999.
Quand tu seras à Proust, la guerre sera finie, Actes Sud (Un endroit où aller), 2000.
Zeg ou les infortunes de la fiction (sotie), Actes Sud (Un endroit où aller), 2002.
Pavanes et javas sur la tombe d'un professeur, Actes Sud (Un endroit où aller), 2004.

POÈMES

Préhistoire des estuaires, André De Rache, 1967.
Mnémonique, I à IV, Éditions Irène Dossche, 1969 à 1972.
La mémoire sous les mots, préface de Max-Pol Fouchet, Grasset, 1973.
Stèles pour soixante-treize petites mères, Saint-Germain-des-Prés, 1977.
De l'altérité des cimes en temps de crise, L'Aire, 1982.
Anthologie personnelle, Actes Sud, 1991.
Eros in trutina, Leméac/Actes Sud 2004.

À Pascal Durand et Alberto Manguel

Et pour Mademoiselle Esperluette,
une lectrice qui se reconnaîtra

Je suis convaincu que nous continuerons à lire
aussi longtemps que nous persisterons
à nommer le monde qui nous entoure.

Alberto Manguel
La bibliothèque de Robinson

Morceaux en forme de poire

À une question qu'on ne lui posait pas, Claude Roy répondit un jour qu'il écrivait pour lire ce qu'il ne savait pas qu'il allait écrire[1]. Voilà des mots qui m'ont servi de sauf-conduit, Mademoiselle Esperluette, pour commencer cette lettre aux premiers jours de l'hiver. Car, l'œil inquiet, vous m'aviez demandé à quel triste destin me paraissaient promis, dans les turbulences de notre époque, l'attrait du livre et le plaisir de la lecture que nous sommes encore quelques-uns à partager. Vous aviez l'air de me demander s'il fallait sortir les voiles du deuil et vous préparer aux larmes de l'inconsolable. Eh bien, en attendant les beaux jours, me suis-je dit, je lui écrirai là-dessus pour découvrir ce que je ne savais pas que j'allais lui dire.

Et si j'ai choisi de vous écrire, à vous en particulier, chère lectrice dont j'ai dissimulé l'identité sous un pseudonyme emprunté à la typographie, c'est parce que, comme le dit Pascal Lainé (il n'est ni le premier ni le seul mais il le dit avec une simplicité qui donne force à l'affirmation), aujourd'hui « les femmes sont les véritables lectrices[2]. » Nous y reviendrons, je vous le promets.

Mais où avez-vous pris l'idée que je serais doué pour cette sorte de prophétie ? Parce que je n'ai d'autre pratique que l'écriture et parce que, longtemps, j'ai exercé le métier d'éditeur, vous me jugez capable de désigner les choses à venir en ce domaine ? J'avais l'impression de vous entendre insinuer, avec l'impertinence de Laclos, que mes prophéties vaudraient mieux que mes conseils[3]. Alors soyons net. Je vous le dis sans détour : je ne suis ni lointain disciple de Nostradamus ni adepte de Madame Élizabeth Tessier. Non, je préfère interroger les ancêtres plutôt que de prendre les auspices. Trop souvent, voyez-vous, j'ai entendu des boniments d'experts et des rodomontades de prospectivistes, observé la déconfiture de prévisionnistes et la déroute de conjoncturistes, constaté la faillite d'anticipateurs, et je me suis rendu compte que dans l'ordre des probabilités toujours règne l'incontournable dilemme du possible que le père Hugo a théâtralisé

1 Claude Roy, *Temps variable avec éclaircies*, Gallimard, 1984.

2 *Les écrits de l'image*, n° 40, décembre 2003.

3 « Tu avais raison, ma chère Sophie ; tes prophéties réussissent mieux que tes conseils. », Laclos, *Les liaisons dangereuses*.

en huit mots dans *Les châtiments* : « Soudain, joyeux, il dit : Grouchy ! – C'était Blücher ! »

Si l'on cherche à comprendre ce qui se prépare sous nos yeux – je l'ai appris, et parfois ce fut à mes dépens – rien n'est plus instructif qu'un regard porté aux pronostics anciens. Dans le domaine qui est ici le nôtre, quelles leçons nous viennent, en effet, quand nous consultons les anthologies anciennes et les listes de ces chefs-d'œuvre qui allaient franchir le siècle et n'ont pas dépassé l'année ! Ou encore quand nous observons les contorsions de ceux qui, après avoir applaudi aux semailles du nouveau roman, ont assisté, penauds, au retour du social-balzacien, à la remise du prix Goncourt à Marguerite Duras et à l'entrée d'Alain Robbe-Grillet à l'Académie française. Décidément, oui, Mademoiselle Esperluette, je préfère l'éloquence des évidences aux clameurs des interprétations.

Et puis, je vous l'avoue, aux heures d'égoïsme, je me fiche de savoir si dans cinquante ans il sera encore question d'un livre qui vient de m'apporter illuminations et jouissance. C'est l'affaire de mes petits-neveux. La mienne est de ne pas négliger la félicité de l'instant, de ne pas mépriser la compagnie qui m'est offerte et de ne pas gâcher le plaisir qu'elle me donne. D'ailleurs, à qui m'en fait reproche j'ai beau jeu de dire que, parmi ces plaisirs, il n'est pas le moindre celui que j'ai eu, dans ma carrière d'éditeur, de redécouvrir un poète qui avait disparu de la mémoire collective, un écrivain oublié dans les brouillards de son pays natal, un romancier que le dédain avait accompagné jusqu'à la tombe ou un dramaturge enlisé dans l'indifférence. Ces parousies m'importent plus que les immortalités incertaines.

D'ailleurs, quel est cet anxieux besoin de connaître l'avenir ? Passe encore pour ceux qui d'avenir pensent n'en avoir plus guère ; c'est pour eux une manière de croire que par quelques rhizomes, par certains fluides ou certaines traces ils y seront présents. Mais vous, pourquoi renonceriez-vous à l'émotion de l'inattendu, à la surprise de la découverte ? Vous avez encore accès aux livres, profitez-en ! La lecture est une passion, et que vaudrait une passion sans mystères ? Lira bien qui lira le dernier.

Pour ma part, au point où j'en suis, et avec une égale indifférence à l'optimisme jobard des uns, au catastrophisme caractériel des autres et au pessimisme hautain de quelques-uns, je préfère tenir compagnie à Jean Duvignaud, un octo qui, à l'automne de sa vie, dans des petits ouvrages d'une même pensée[4], nous invite à demeurer « béants aux choses futures » ainsi que le recommande Montaigne, ouverts à l'utopie et attentifs à des signes par lesquels, si nous savions les interpréter, nous comprendrions peut-être sur quoi le proche avenir se fonde ou se dispose.

Béance, ouverture, attention, voilà qui revient à vous dire que mes réflexions sur un plaisir dont vous craignez qu'il ne soit en voie de disparition, seront de simples tentatives pour déployer les signes du visible avec l'espoir de débusquer quelques signes de l'invisible. Afin de vous satisfaire et de coqueter un peu. Ce que vous trouverez ici, ce sont donc, au sens propre, ce que Victor Hugo appelait des *Choses vues*. Vues ou entrevues. Ou encore, dans la langue d'Erik Satie – et c'est sans doute plus juste – des *Morceaux en forme de poire*.

4 Jean Duvignaud, *B.-K. (Baroque et Kitsch)*, 1997 ; *Le prix des choses sans prix*, 2001 ; *Les Octos*, 2003 ; tous chez Actes Sud (un endroit où aller).

Ah, la crise !

Il existe, chez les gens de notre espèce, Mademoiselle Esperluette, une singulière disposition à s'interroger, avec toutes les apparences d'une objective gravité, sur la crise dans laquelle sont plongées certaines choses que nous désignons de haut pour dissimuler que c'est en vérité de notre crise, et même parfois d'une crise intime, qu'il s'agit. Dans l'exercice quotidien de ce métier d'éditeur qui longtemps fut le mien, rien ne m'en a mieux persuadé que l'assiduité avec laquelle, tous à l'unisson : auteurs, traducteurs, lecteurs, libraires, critiques, curieux, et confrères, nous évoquions la crise du livre et de la lecture. J'ai souvenir d'un Jérôme Lindon, le regretté patron des Éditions de Minuit, qui chaque année, à l'ouverture du Salon du Livre de Paris, passait me voir pour me recommander d'en bien profiter car, disait-il, au train où allaient les choses, il y avait fort à parier que ce salon serait le dernier…

Il ne faut pas gratter longtemps le vernis de cette inquiétude pour comprendre que, dans une exclamation aussi candide que « Mais, dans cette crise, où va le livre ? », il faut entendre : « Mais où va donc le monde, où allons-nous, où vais-je ? » Je suis loin de croire que, prise sous cet angle, la condition du livre soit vraiment représentative de la condition du monde et de la peur mêlée d'incomplétude dans laquelle l'ignorance de son devenir nous met. Pourtant, je l'avoue, j'éprouve un certain plaisir et même quelque fierté à considérer l'autorité que conserve le livre quand je vois qu'il fournit un prétexte aussi distingué à des angoisses confuses, et suggère une manière noble de manifester des paniques personnelles devant les dérèglements de la société. Ne serait-ce que là, dans l'ordre du symbolique, il aurait encore un certain avenir, le livre !

Oui, mais quelle crise ?

La crise… Voilà bien l'un de ces « mots perroquets » comme disait Valéry, l'un de ceux que l'on assène sans rien expliquer, ou encore mot-valise dans lequel on fourre n'importe quoi avant de prendre la fuite devant la complexité des choses. Dans le bric-à-brac de la crise, vous le savez, on trouve pêle-mêle l'incertitude, le mal et le malaise, la fièvre, l'enthousiasme, l'émotivité, la déraison, la jalousie, le mépris. Et, pour peu que l'on s'imagine au théâtre, l'un de ces moments délicats où, comme on dit, « la crise se noue ».

Vous l'aviez deviné, Mademoiselle Esperluette, je la trouve fascinante, la crise ! C'est pourquoi, quand on me dit le livre en crise, je demande ce que serait le livre sans crises. De la nuit de son histoire jusqu'à nos jours, n'a-t-il pas toujours été en crise ? Une crise récurrente dans ses substances comme dans ses formes, rémanente dans les sujets et les styles, permanente dans ses initiatives et ses audaces comme dans ses déboires et ses bannissements. Le livre n'a-t-il pas connu de grandes renaissances où l'on avait cru le perdre ? N'est-il pas un phénix renaissant de ses cendres après les autodafés qui marquent son histoire, de la destruction de la bibliothèque de Thèbes par Akhenaton en 1358 av. J.-C. à celle de la Byzantine de Constantinople par les Croisés en 1204, de la disparition des livres aztèques au Mexique en 1529 à l'incendie de la Bibliothèque du Congrès de Washington par les Anglais en 1814, des autodafés nazis dans les années 30 à la destruction des bibliothèques irakiennes en 2003 ?

Tenez, en juillet 1974, à Westport, Connemara, je fis la connaissance d'Eric Cross, un vieil Irlandais malicieux qui m'entraînait le soir dans les pubs enfumés pour me faire connaître la source à laquelle, disait-il, James Joyce avait puisé ses sujets et ses formes langagières. Après quoi, dans un salon du *Health Center* où il vivait comme un réfugié, il me lisait de sa belle voix rauque des pages choisies dans l'intraduisible *Finnegans Wake* avec l'air d'en dire le pire et d'en penser le meilleur. Et puis, un jour, j'appris que cet Eric Cross, chimiste à la retraite, était aussi un écrivain dont un livre, le premier qu'il eût écrit – *The Tailor and Ansty*[5] – avait été brûlé en place publique. Sachez pourtant, ma chère, que l'on ne pouvait imaginer livre plus innocent que celui-là où Cross rapportait les souvenirs que lui avaient confiés un tailleur à la retraite et Anasthasie (Ansty) son épouse, et relatait les conversations advenues pendant les veillées qu'il passait avec eux. Mais en ce temps-là l'Église catholique jugea que, sous ses allures de fable rustique, *The Tailor and Ansty* sentait l'hérésie, et elle soupçonna Cross d'avoir été financé par des protestants américains. Elle obtint d'Eamon De Valera[6] que l'ouvrage fût mis à l'index et elle organisa un autodafé symbolique : trois prêtres, me raconta Cross, avaient

5 Eric Cross, *The Tailor and Ansty*, The Mercier Press, Cork, 1970.

6 Ancien leader du Sinn Féin devenu Premier ministre puis président de la République, Eamon De Valera avait décidé de la neutralité de son pays dans la Deuxième Guerre mondiale.

obligé le tailleur et son Ansty à s'agenouiller dans la rue devant un petit bûcher où l'on avait forcé les deux vieux à jeter des exemplaires du livre qu'ils avaient inspiré à Cross. Cela s'était passé en 1942. Quand j'ai rencontré Cross nous étions, je vous le rappelle, en 1974, la mise à l'index était oubliée, le livre avait été réédité, on trouvait *The Tailor and Ansty* partout, même dans les épiceries de village. Et je vis, en ouvrant un exemplaire de la nouvelle édition, qu'elle était imprimée par les Presses Saint-Augustin à Bruges. On a raison, voyez-vous, de dire que l'argent n'a pas d'odeur.

J'en suis donc au point de penser que, sans crises, le livre n'aurait eu d'autre destin que celui de Bouvard et de Pécuchet, idées reçues et tristes bonaces. Alors, dans la crise où l'on dit se trouver le livre aujourd'hui, faut-il redouter sa disparition définitive, ou attendre son regain ? « L'emphase prophétique[7] » de ceux qui s'inquiètent de sa destinée et nous donnent à contempler une nouvelle querelle des Anciens et des Modernes – aujourd'hui celle qui oppose de grincheux misonéistes à des innovateurs illuminés, des pessimistes désabusés à des optimistes béats – m'a souvent donné l'impression que l'on prenait une chose pour une autre, le livre pour la lecture et que, de cette confusion, on fait toujours sa cuisine.

Voilà pourquoi, en vieil organiste qui a passé des années à jouer sur les quatre claviers de son instrument – lire, écrire, découvrir, éditer[8] –, je veux ici rappeler une évidence. À savoir que si le livre et la lecture depuis longtemps vont de conserve, ils ne sont pas dans le même bateau. On a lu avant le livre, et sans doute lira-t-on après lui. Le livre n'est jamais que le support actuel de la chose écrite, il n'est rien d'autre que l'outil utilisé dans un moment de l'histoire dont nous sommes encore les acteurs. Aussi, quand vous vous interrogez sur le destin du livre *et* de la lecture, Mademoiselle Esperluette, vous faut-il voir que la conjonction conjugale est sournoise et qu'il y a deux interrogations sous l'apparence d'une seule. Une chose est de se demander où va le livre, une autre où va la lecture.

7 « *Quant au livre* ». *Prophéties et pouvoir*, Pascal Durand in *Éditions et pouvoirs*, Les Presses de l'Université Laval, 1995.

8 Hubert Nyssen, *Sur les quatre claviers de mon petit orgue : lire, écrire, découvrir, éditer*, Leméac (L'écritoire), 2002.

Chacune en son temps, commençons donc par le livre, le livre considéré comme la chrysalide de papier d'où notre lecture fait surgir le texte, sa petite musique, ses prodiges, ses fleurs vivaces ou vénéneuses, ou encore ses déconvenues.

EN SOUVENIR DE VARSOVIENNES

Vous le savez, il n'est pas de partage d'un plaisir que l'on n'éprouverait soi-même sans réserve. Jamais je ne l'ai mieux senti qu'à Varsovie, un certain jour de décembre dans les années quatre-vingt-dix. Cet après-midi-là, j'avais à faire une causerie à l'Institut français sur l'état de la littérature et de l'édition en France. Quand j'arrivai sur les lieux, le directeur m'accueillit en me disant qu'il avait deux nouvelles à me donner, une bonne et une mauvaise. La bonne d'abord, dis-je. Eh bien, m'annonça-t-il, la salle étant pleine, j'allais jouer à bureau fermé. Et mieux encore, les femmes étaient en nombre et elles occupaient les premiers rangs. Et la mauvaise ? Le chauffage avait rendu l'âme, il faisait dedans le même froid que dehors, j'avais intérêt à garder ma parka sur le dos, et même, si je le voulais (mais je ne le voulus pas), à m'en mettre la capuche sur la tête. Quelques instants plus tard, je me suis trouvé au perchoir devant une assemblée que, sans être averti, j'aurais pu prendre pour une convention de trappeurs en voyant ces alignements de fourrures, de toisons, de pelisses et, aux premiers rangs, des bonnets couvrant jusqu'aux sourcils de ravissants visages enchatonnés dans de hautes collerettes. De surcroît j'entendais un discret battement de semelles, et c'était, je le compris, non pour marquer l'impatience, mais pour réchauffer les pieds.

Une inspiration me vint alors sans que j'eusse pris le temps de la considérer. « Je m'en vais vous montrer, dis-je, que le livre peut être un objet érotique », ajoutant à part moi : capable donc d'élever la température. Et, joignant le geste à la parole, tenant à la main un roman récemment paru, je rappelai qu'il nous est habituel de flairer un livre pour en percevoir la discrète odeur de papier, d'encre et de colle, de le presser sur la joue ou de le porter à nos lèvres pour le remercier des émotions qu'il nous a données, de le mettre sous le bras, le fourrer dans la poche, le cacher sous la jupe, de le serrer entre les genoux, voire de le glisser sous les fesses en attendant de l'y reprendre, ou encore de l'emporter au lit et là, de l'ouvrir, le fourrager, le caresser, le peloter, de temps à autre y glisser un doigt et sentir, en tournant la page, le doux grain du papier. Quand je vis la roseur monter aux joues et des éclats illuminer les yeux des auditrices du premier rang, je compris que la recette était bonne. Je pus alors aborder le sujet pour lequel on m'avait fait venir.

Et maintenant, avec le souvenir très présent de cette aventure, je vous confie la véritable inquiétude qui est mienne, Mademoiselle Esperluette. Quelles que soient les métamorphoses que la technologie imposera dans l'avenir à l'objet-livre, je n'imagine pas sans désespoir que le prix à payer serait l'extinction des jouissances que je rappelais aux Varsoviennes et la disparition d'une sensualité dont les vrais lecteurs, comme vous et moi, font depuis si longtemps leur ordinaire. C'est pourquoi, aux prouesses techniques et à leurs abus parfois ravageurs, il n'est de plus instante résistance à opposer que celle inspirée par la crainte légitime de voir s'éteindre le désir sous certaines de leurs extravagances.

La compagnie des livres

Depuis qu'il est livre et surtout depuis qu'il a pris, au fil des ans, des proportions permettant de le fréquenter sans embarras, de l'emmener avec soi, d'en faire un objet familier, le livre est devenu un compagnon, parfois même un confident. Il me souvient d'un écrivain, américain je crois, auquel un visiteur, promenant les yeux sur les livres qui tapissaient les murs de son cabinet, demanda s'il les avait tous lus. « Non, mais je vis avec », fut la brève réponse. Vivre avec… Qui ne comprend le sens de cette réplique ignore un grand mystère et un singulier plaisir.

Vous savez sans doute que le temps n'est pas si lointain où il fallait couper les pages des livres avant de les lire, usage disparu avec la production en grande série et le recours à la guillotine électronique du massicot, instrument auquel même les héritiers de José Corti, qui pour sa part s'en était toujours défendu, viennent de se mettre, en 2004, avec une collection impertinemment appelée *Les massicotés*. Eh bien, je me rappelle qu'à Bucarest, il y a quelques années, au cours d'un colloque consacré à Paul Valéry et son œuvre, sa fille me confia qu'à la mort de l'écrivain, lors de l'inventaire, on avait pu reconnaître, en voyant celles qui avaient été coupées, le nombre des pages qu'il avait lues dans chacun des ouvrages de sa bibliothèque. La même chose dut advenir avec la bibliothèque de Selma Lagerlöf si j'en juge par le chapitre de *L'Oratorio de Noël*[9] où Göran Tunström met en scène une Selma, vers la fin de sa vie, s'adressant en ces termes au jeune Sidner : « Ce que je veux, Sidner, c'est que tu coupes ces livres. Ceux que je n'ai pas lus donc. Pour que ça fasse *comme si.* » Selma, à l'instar de Paul, aimait la compagnie des livres, même de ceux qu'elle n'avait pas lus. Vous l'aurez compris, Mademoiselle Esperluette, pour les gens de cette espèce, si la lecture des livres est une chose, leur présence en est une autre, et il serait consternant de le dissimuler.

Quand je devins éditeur, ce fut, après le choix des textes à publier, ma première préoccupation : faire en sorte que les livres que je proposerais fussent pour leurs lecteurs des objets d'agréable compagnie. Je voulais qu'ils se présentent comme des alliés, des complices, et non des adversaires que tant deviennent par leur poids excessif, leurs dimensions incommodes, la disgrâce de l'allure générale ou d'autres infirmités comme la petitesse ou l'inutile fantaisie de leurs caractères. Ainsi est né un format particulier dont la largeur permet de tenir sans peine l'objet-livre là où d'instinct on le prend dans la main : entre le pouce et les doigts opposés. Le confort n'est-il pas complice de la

9 Göran Tunström, *L'Oratorio de Noël*, Actes Sud, 1986.

fidélité ? Le même souci fut pris en compte pour les pages sur lesquelles le texte était disposé, en caractères agréables par leur taille, dans des miroirs calculés de manière que le regard pût sans peine courir – gauche-droite, gauche-droite –, telle la navette sur le métier à tisser. Ce type de livre, ami, allié ou acolyte, fut repéré assez vite, mais la fierté que j'en avais, elle subit un choc le jour où, visitant à Helsinki une exposition consacrée à l'histoire du livre, je tombai en arrêt sur de tout pareils aux miens dans une salle réservée au XVIIIe siècle. Mais, après tout, avoir réinventé une forme datant des Lumières, ce n'était pas pour me déplaire…

Voilà pourquoi, Mademoiselle Esperluette, quand il est question des métamorphoses que l'habileté et l'invention imposeront au livre dans l'avenir, je pense d'abord au sort de cette intimité, au souci que l'on aura (ou que l'on n'aura plus) de cette intelligence complice qui rend parfois le livre si semblable au coffret où sont serrées des lettres dont nous ne voulons pas nous défaire bien que nous ne les relisions jamais. Le livre, voyez-vous, n'est pas seulement l'habit du texte, il en est aussi le représentant et l'émissaire, et de sa tenue dépend en partie la relation que nous avons avec lui. Qu'il vienne à perdre sa tenue ou sa retenue en ce domaine, et le texte en subira des conséquences insoupçonnées.

Honnis soient qui mal y pensent

Comme moi, Mademoiselle Esperluette, vous avez déjà dû l'entendre, la voix caquetante qui se fait passer pour celle du sens commun. « Un peu de tenue, voyons, nous dit-elle, soyons lucides, réalistes, et à l'exemple de la repasseuse qui met au fond de l'armoire lingère nos chemises aux poignets et au col élimés, mettons au rancart les idées usées. Sachons voir que, *hic et nunc*, nous vivons dans une société qui n'est pas avare de ses bienfaits innovateurs. » Eh oui, vous l'entendez, cette voix (ou cet acouphène) qui, par tapages et sérénades, nous fait l'incessante proclamation de l'habileté, des aptitudes et des accomplissements de notre temps ! Par la réitération publicitaire, par le déchaînement propagandiste, et par une confiscation délibérée du langage critique, elle veut nous en convaincre sans pour autant nous le démontrer : pourvu que l'on y mette le prix – et tant pis pour ceux qui ne veulent pas le mettre ou n'ont pas capacité de le faire –, il n'est pas d'ambition qu'on ne puisse satisfaire, de besoin qu'on ne puisse combler ni de désir qu'on ne puisse exaucer, pas d'obstacle qu'on ne puisse réduire ou de péril qu'on ne puisse conjurer, pas d'axe du mal qu'on ne puisse finalement vaincre avec celui du bien. On s'attendrait même à ce que, dans leur frénésie, les proclamateurs de ce nouvel âge d'or, religieux des temps nouveaux, engagent un jour quelque procédure canonique contre les incendies, les inondations ou les tremblements de terre qui ont l'outrecuidance de rappeler qu'il y a des limites naturelles à leurs prétentions. On a marché sur la Lune, on sait maintenant qu'il y eut de l'eau sur Mars, le temps de la colonisation planétaire paraît n'être plus très éloigné, on va en touriste dans l'espace, à la vitesse de Mach 7 on pourra bientôt bombarder une lointaine cité ennemie en moins de temps qu'il n'en faut pour la retrouver dans notre atlas, on opère à distance par la téléchirurgie, nous sommes dans une époque d'exploits, de prouesses et de performances dont le sens n'a pas à nous préoccuper – même si, par la frénésie qui l'accompagne, elle commence à inquiéter les scientifiques eux-mêmes – pourvu que nous en reconnaissions l'utilité et marquions notre gratitude par notre confiance et notre servitude. *I am bound to hear,* dit Hamlet. Et c'est notre cas, nous sommes obligés d'écouter et forcés d'entendre ces recettes et ces modes d'emploi qui nous disent comment jouir et nous réjouir, mais jamais pourquoi.

Or ce pourquoi importe-t-il vraiment ? À quoi servirait de jouer au singe philosophe ou au bourricot contestataire, sinon à freiner le développement et à le rendre plus coûteux qu'il ne doit ? De quelle sottise ferions-nous

10 Michael Cunningham, *Les heures*, Belfond 1999 ; TF1 Vidéo, 2003.

preuve, et de quelle absurde malveillance ferions-nous étalage, si nous nous obstinions à nous mettre martel en tête et à montrer de l'inquiétude pour le livre et pour la lecture ? Même si nous ne savons pas encore le visage que les inventions donneront aux choses, qu'avons-nous besoin de nous tourmenter ? La photographie a-t-elle éliminé la peinture ? Le cinéma a-t-il aboli la photographie ? La télévision n'a-t-elle pas porté le cinéma dans les chaumières et les informations à ceux qui ne lisaient pas de journaux ? Le disque et ses incessants avatars ont-ils oblitéré la musique ? Et les DVD, avec le choix des langues, les commentaires apportés par les *bonus* et la possibilité de voyager d'un chapitre à l'autre, ne donnent-il pas au film l'attrait jusqu'ici exclusif du livre ?

Tenez, pour le revoir à l'aise – car j'aime revisiter les films et réécouter les disques de mon choix comme je relis des livres dont je sais que je n'épuiserai jamais toutes les saveurs et tous les sens –, je viens de me procurer le DVD de *The Hours*, le film que Stephen Daldry a adapté du roman éponyme de Michael Cunningham[10], et j'ai trouvé, à la suite du film lui-même, une série de commentaires et de documents iconographiques sur les Woolf et le groupe de Bloomsbury qui m'ont instruit de choses que je ne connaissais pas. Honnis soient qui mal y pensent.

Sans doute, à l'heure de la lecture, ne sommes-nous guère disposés à nous mettre ni dans un fauteuil ni au lit avec une casserole électronique sur les genoux en manière de livre. Mais un peu de patience, que diable ! L'habileté de nos trouveurs et les progrès de la nanotechnologie peuvent nous valoir un jour prochain un in-18, vierge d'apparence, sur les pages duquel les textes, comme s'ils étaient imprimés à l'encre sympathique, apparaîtraient et s'éclipseraient à la demande, un livre ainsi capable de nous permettre de choisir en un tournemain nos lectures dans toute la littérature du monde. Réfléchissez, Mademoiselle Esperluette, cela ne s'est-il pas vu déjà avec le téléphone qui était encore, il n'y a guère, appareillage tout emberlificoté par ses manivelles et cordons, placé sous la tutelle des demoiselles opératrices, et qui est devenu en quelques décennies une sorte de petite tabatière de poche d'où, pour vous prévenir que l'on cherche à vous joindre de Tombouctou, peut surgir le « Toréador, prends garde » de Bizet pendant un récital Schubert à Pleyel ? En attendant – nouveau prodige auquel il faut peut-être vous préparer – que nous soit greffée sous la peau, à la naissance, une puce nous donnant plus tard libre accès à la Bibliothèque nationale ou à celle du Congrès de Washington, selon le choix qu'auront fait nos parents[11]. Et d'ailleurs, si nous vivions au temps qui a vu surgir l'imprimerie, serions-nous de ceux qui l'ont vouée au diable et à l'enfer ? Honnis soient qui mal y pensent.

11 À ce sujet, voir le roman de science-fiction de William Gibson, *Neuromancien*, J'ai lu, 2000.

Un fleuve tranquille ?

Tout de même, nous ne naviguons pas sur un fleuve tranquille, et dans cette société du bonheur programmé il y a des grondements de frustration, des révoltes d'insoumis, des violences d'exclus, l'exaspération des méprisés, la mauvaise foi de certains adversaires de la modernité, et aussi vos interrogations inquiètes, Mademoiselle Esperluette. Car je ne vous vois pas vous résoudre à ce bonheur formaté, vous soumettre aux injonctions de cette publicité obsédante et directive, ni trouver votre place dans une société où ce qui ne serait pas interdit deviendrait obligatoire. Vous redouteriez – et je ne vous en blâme pas – que par ces manœuvres généralistes fussent menacés vos plaisirs particuliers.

Mais pour vous débrouiller dans pareil enchevêtrement, mieux vaut savoir ce que vous abordez et qui vous affrontez. La question déterminative est donc ici de se demander de quoi l'on parle quand on évoque, sans cesser de les conjoindre, le livre et la lecture. C'est pourquoi il me paraît urgent de vous rappeler que livre et lecture sont en quelque sorte les amants rivaux d'une belle capricieuse qui se nomme écriture. Dans cette comédie à

12 Gérard Genette, *Palimpsestes*, Seuil 1981 ; *Seuils*, Seuil, 1987.

trois personnages, c'est tout de même elle, l'écriture, qui est la vedette, c'est à elle, convenez-en, que revient le premier rôle. Sans elle, livre et lecture seraient réduits au commerce des manuels, des nomenclatures, des annuaires, des affiches électorales et autres pandectes.

Du coup surgit une nouvelle question, et non des moindres, qui est de savoir ce qu'en sa robe de texte devient l'écriture quand à elle se proposent et parfois s'imposent les substituts ou succédanés du livre, et quand se transforme un lectorat en proie aux sollicitations injonctives dont il est la cible. Car vous n'imaginez tout de même pas que l'écriture puisse demeurer immuable en son autorité, indifférente aux bourrasques qui transforment à la fois le support qui la rend visible, et la manière dont la prennent ceux à qui elle se donne ! Rappelez-vous Gérard Genette définissant son fameux paratexte – « ce par quoi un texte se fait livre et se propose comme tel à ses lecteurs[12] » – et vous comprendrez qu'à l'inverse, le texte, expression de l'écrivain, ne saurait demeurer insensible quand le livre se dénature et lorsque le lectorat se transfigure.

Alors, me demanderez-vous, l'écrivain pourrait n'être plus le maître de ce qui s'écrit ? Mais ce serait inimaginable ! Eh bien si, c'est imaginable, Mademoiselle Esperluette. Car, si forte soit sa nature, l'écrivain, pas plus que les autres, n'est à l'abri des pactes faustiens. Par des vents multiples, par des sirènes à la voix ensorcelante et par bien d'autres tentations il est porté vers des aventures aux conséquences inattendues. Vous verrez l'un, avec son désir d'être visible parmi ses pairs et devant ses lecteurs, s'engager dans la stratégie de la reconnaissance, porter le débraillé qui convient et parler comme il croit qu'il le faut. Vous verrez un autre qui se cherche une niche ou un promontoire d'où il lui est possible, ermite ou stylite, d'entendre les voix intérieures et d'appeler à pleine gueule les orages chers à Chateaubriand. Vous en verrez encore qui, dans l'héritage du Schnitzler de *La nouvelle rêvée* et à l'instar du Stanley Kubrick de *Eyes Wide Shut*, son adaptateur, sont pressés d'accorder une valeur prophétique à leurs rêves d'écrivains hantés par les bas-fonds qu'ils fréquentent dans leur for intérieur et obsédés par un érotisme qui les dépasse. Mais vous en verrez aussi, ils sont évidemment plus rares et moins visibles, qui délaissent les tumultes du moment pour retourner à ceux de la mémoire, tel l'inoubliable Austerlitz de Sebald[13].

13 W.G. Sebald, *Austerlitz*, Actes Sud, 2002.

Le visage de la Méduse

Mais voilà, indifférents à ces tumultes d'initiés, ignorant, au point de les confondre, la différence entre invention et création, et insensibles à l'idée pourtant inquiétante que les inventions progressent plus vite que ne courent les inventeurs, les thuriféraires du profit permanent et de l'extension continue n'interrompent pas leur croisade. Au lieu d'interroger, de s'interroger, ils persévèrent. Ils se fichent évidemment le doigt dans l'œil quand ils disent inéluctable et juste que la fonction s'adapte indéfiniment au constant perfectionnement de l'outil (forme subtile de la servitude), ou quand ils affirment avec mépris que, par les innovations et par les lois du marché, les livres seront ce qu'ils auront « méthodiquement » décidé que les livres devaient être (forme déclarée du totalitarisme). Le tumulte les rend sourds sinon fous, ces croisés.

J'eus à connaître l'un d'eux, souverain régnant sur l'une des plus grandes agences de publicité du monde, qui galvanisait les rédacteurs-concepteurs de son équipe en leur affirmant, chiffres des tirages à l'appui, qu'avec leurs annonces paraissant dans les journaux et les magazines ils étaient les écrivains les plus lus de la planète. Bien plus, disait-il, qu'un Hemingway avec *Le vieil homme et la mer* ou un Druon avec ses *Rois maudits*, deux livres qui avaient alors la cote et dont il avait sans doute lu un condensé dans quelque *Reader's Digest* auquel il était abonné. Et qui osait mettre cette assurance en doute, et dire que c'était là mélanger les torchons avec les serviettes, se voyait traiter d'aveugle, d'ingrat ou plus sûrement d'impuissant...

14 Gérard Genette, *Seuils*, Seuil, 1987.

15 Marshall McLuhan, *Message et massage*, Pauvert, 1968.

Quand il est question du devenir du livre et de l'avenir de la lecture, et par force de l'écriture, Mademoiselle Esperluette, rien ne me paraît donc plus trompeur que d'y voir une banale récurrence de l'académique conflit entre les Anciens et les Modernes. Le livre et la lecture sont, avec le reste, au cœur du tumulte. Et il faut accepter de voir le monde tel qu'il est, dans sa confusion. Sauf à redouter, comme si c'était celui de la Méduse, de regarder en face le visage de la complexité.

Le texte en a vu d'autres

Qu'il soit parlé ou écrit, les linguistes accordent au texte le même statut d'énoncé qui fait sens. C'est dire que le texte ayant un passé presque aussi lointain que celui de la parole, il a connu, depuis les origines, les moyens les plus divers pour « assurer sa présence au monde[14] ». De la profération à son inscription dans l'argile ou la pierre, des tablettes aux papyrus, du volumen au codex, des incunables aux livres industriels, de l'enregistrement analogique à l'apparition récente du numérique, le texte a manifesté son être-là dans une alliance circonstancielle, plus ou moins réussie, du sujet avec le support. Jusqu'au moment où, de manière d'abord insidieuse puis progressivement insistante, s'est engagé un renversement des rapports, une inversion des flux. Le support ne se contentait plus d'être l'affût de canon du texte, et celui-ci, privé d'une autorité jusque-là irrécusable, s'est trouvé peu à peu dominé par ce qui était censé le servir. « Le message, c'est le massage », se sont alors exclamés les plus présomptueux (ce n'étaient pas les moins inquiets) qui se réclamaient de McLuhan[15] après l'avoir survolé. Il nous fallut comprendre que le texte, le livre et le lecteur désormais n'étaient plus dans la même congruence.

Mais, si tenté que je sois de hausser les épaules et de vous dire que le texte en a vu d'autres, qu'il tirera son épingle du jeu comme toujours il l'a fait – ne serait-ce que pour ce motif : sans texte, on ne parlerait plus de paratexte ni de livre ni de lecteurs –, force m'est de constater que sa résistance aux conceptions nouvelles du livre, aux extravagances de certains zélateurs et aux foucades sinon aux caprices des lecteurs, n'est pas ce que l'on croyait. Des pans entiers de la falaise s'effondrent. Et pour mieux vous en rendre compte, il faut lever un coin du voile qui couvre le visage de l'auteur.

Car c'est l'auteur le tisserand du texte, ma chère, c'est lui qui s'évertue à écrire comme on tisse, c'est lui qui, s'il n'est pas réduit au silence et à la solitude par l'inhabileté ou l'insuccès, se voit peu à peu, au gré de ses prouesses, entouré d'une nuée de conseilleurs, d'instigateurs, de manipulateurs, de critiques et de juges ; c'est lui qui prend les coups quand on en donne, c'est lui que l'on célèbre ou que l'on vilipende selon la place qu'il occupe (ou n'occupe pas) dans la liste des meilleures ventes (imitée du box-office du cinéma – et ce n'est pas innocent), c'est lui que l'on porte au pinacle ou que l'on jette au ruisseau. C'est lui, tout à la fois, le créateur, l'artisan et le bouc émissaire, c'est lui le saltimbanque « désirable et humilié[16] ». Et c'est lui que l'on voit, aujourd'hui, non seulement en proie à un vertige imitatif, mais de plus en plus incité par la pression collective à prendre en compte ce qui se joue dans une course où tant de parties sont engagées. C'est lui que l'on voit paraître sur les plateaux de télévision, non plus seulement dans les débats littéraires qui sont désormais réservés aux noctambules, mais dans ces émissions honteuses dont, acceptant d'être le faire-valoir, il devient le candide otage ou le triste huron. C'est encore lui que l'on surprend, déboussolé au sens propre du terme, tout préoccupé de choisir forme et sujet en fonction des modes et des succès, s'efforçant dans l'agitation de dominer ou de refouler les tendances de l'époque.

Mais il a beau relever la tête et reprendre, pour se rassurer, la belle formule : « Être dans le vent ? Vocation de feuille morte ![17] », il ne trouve pas la sérénité qu'il lui faudrait pour écrire, il découvre qu'il est plus vulnérable qu'il ne l'imaginait, et il reste confronté (puisque de vent il est question) aux bourrasques contemporaines.

16 Jean Starobinski, *Portrait de l'artiste en saltimbanque*, Skira 1970.

17 Paraphrase, par Gustave Thibon lui-même, d'une citation de *L'équilibre et l'harmonie*, Fayard, 1976 : « La feuille morte voltige d'un lieu à l'autre, mais tous les lieux se valent pour elle, car son unique patrie est dans le vent qui l'emporte. »

18 Josyane Savigneau in *Le Monde*, 22 avril 2004, à propos de *Rien de grave*, l'autobiographique roman de Justine Lévy.

QU'EST DEVENUE L'ANGOISSE DEVANT LA FEUILLE BLANCHE ?

Au risque de tinter comme vieille cloche, j'aurais presque envie, mon amie, de sonner le glas – comme celui qui, en ce moment, annonce l'envol d'une âme de ce village – pour marquer le regret d'un temps où, dans sa solitude, l'écrivain était en proie à l'angoisse devant la page blanche. Un « que vais-je écrire ? comment vais-je l'écrire ? » qui, au fil des ans, a été remplacé par un « comment vais-je apparaître et pour qui va-t-on me prendre ? » En effet, sans presque y prendre garde, on est passé de l'éréthisme du créateur à une anxiété attisée par les manigances d'une société qui admire l'exploit plus que le talent, un monde plus prompt à demander « c'est qui ? » qu'à se demander « ça signifie quoi[18] ? » L'obsession du voyeurisme a pris la place du plaisir de lire et, constatez-le, les aveux indiscrets plaisent aujourd'hui plus que les bonheurs d'écriture (ainsi que, dans ma jeunesse, on les appelait).

Mais dans le déferlement de tels mélos et strip-teases qui font concurrence à la télé-réalité, dans l'ivresse autofictionnelle que n'avait pas imaginée Serge Doubrovsky, et dans cent tragi-comédies dont je pourrais vous entretenir si j'en avais le goût ou le caprice, je vous conseille d'être d'abord attentive, Mademoiselle Esperluette, à une rage épidémique : la rage d'écrire par rage d'exister, un besoin de donner de la voix dans le tumulte où l'on pourrait n'être pas entendu, dans une compétition où l'on risque de disparaître. Rage et besoin qui peuvent expliquer l'insoutenable accroissement de la production écrite, dans un temps où – paradoxe – on dit haut et fort que la lecture s'amenuise, régresse, s'atrophie, bref serait d'une espèce en voie de disparition.

Vous noterez que cette abondance ne vient pas seulement des écrivains qui craignent de rester en rade s'ils ne publient pas au moins un livre tous les deux ans et entretemps quelques articles : elle est aussi enflée par les dizaines de milliers de manuscrits qu'aux éditeurs envoient des candidats écrivains qui, cherchant à percer dans un monde cruel et bavard, tentent ainsi de ne pas périr dans les catacombes de l'anonymat. Le croirez-vous ? Au temps, pas si lointain, où j'étais éditeur de plein exercice, j'en recevais une trentaine par jour ! Il vient d'ailleurs un moment où, sous peine d'ensevelissement, il faut envoyer à la destruction d'archives les manuscrits impubliés qui n'ont pas été réclamés par leurs auteurs.

Il s'est pourtant trouvé des âmes compatissantes pour se dire qu'il faudrait recueillir ces « inédits » comme le sperme des pendus, afin que pousse et fleurisse la mandragore. Et d'autres pour imaginer la création d'une sorte de conservatoire où seraient accueillis les manuscrits refusés afin que rien ne fût perdu qui avait été écrit. « Cette littérature refusée se perd dans les greniers, elle est brûlée. On devrait en faire des bibliothèques, les cahiers du Tiers-État en 89… », m'a dit un jour Marguerite Duras[19].

De surcroît, la crue est accentuée par d'innombrables livres, sur des sujets de mode ou d'actualité, que des épiciers éditoriaux (je n'ai rien contre les épiciers, pourvu qu'ils ne prétendent pas jouer aux passeurs de littérature), toujours à l'affût de bons petits coups, commandent à des plumes serviles – « docs de choc » comme on les appelle dans le métier – dont l'espérance de vie souvent ne dépasse pas quelques semaines. À quoi il convient d'ajouter l'épidémie de courriels et de pourriels[20] par le truchement desquels se déroulent de curieuses fêtes galantes avec fièvres dactylées, épidémie favorisée par l'accès généralisé aux facilités de l'Internet qui, à l'heure où je vous écris, se prévaut, le coquin, de son « haut débit ». De telle sorte que, dans une époque où l'on est prompt à proclamer la lecture en crise et l'écriture en perdition, la prolifération de l'écrit se manifeste avec une frénésie jamais vue.

Et n'allez pas objecter que ce sont là des pratiques différentes qu'il ne faudrait pas mêler pour des besoins démonstratifs. Oui, elles sont différentes, ces pratiques, mais dans leurs manifestations ordinaires, dans ce que les branchés appellent « le champ de la communication », elles s'entremêlent telles les voitures aux heures de pointe – limousines, poids-lourds et guimbardes pare-chocs

19 Entretien avec Marguerite Duras, in Hubert Nyssen, *Les voies de l'écriture*, Mercure de France, 1969.

20 Néologismes d'origine québécoise dont le premier est aujourd'hui prescrit en France par le *Journal Officiel* pour les documents administratifs.

21 Jules Romains, *Le moulin et l'hospice*, Flammarion, 1949.

contre pare-chocs –, pour arriver à ceci, que l'écriture est maintenant en proie à une extravagante ébullition dans laquelle les signes distinctifs ne sont plus évidents ni les frontières repérables. Et puis (c'était prévisible), les lecteurs sont eux-mêmes emportés dans ce tumulte au point de lire à hue et à dia et souvent de ne plus savoir à quel saint se vouer. Dès lors, belle demoiselle curieuse de l'avenir, je vous le demande, qui pourrait parier sur l'avenir ? Qui s'aventurerait, au risque de se perdre ou de se ridiculiser, à décrire les conséquences de pareille confusion ?

Il est peu vraisemblable en tout cas que, sauf à connaître un cataclysme ou un bouleversement brutal, on se retrouve en un lieu où, soudain, dans une logique imprévisible ou par un affaissement inexplicable, le tumulte s'apaiserait et permettrait de voir, dans un décor nimbé de clarté, un paysage littéraire d'une douceur crépusculaire. Mais, en vous écrivant cela, il me revient que le mot « crépuscule », qui désigne l'incertaine lumière du couchant, parfois aussi sert à désigner l'aube. Et je me dis que cette indétermination est emblématique.

Plus rassurant serait, si tant est qu'il faille se rassurer, d'imaginer dans ces eaux tumultueuses l'émergence de quelques îles, voire d'un archipel, où auraient fini par se regrouper, se reconnaître et s'organiser des écrivains chez qui serait demeurée présente une certaine idée de l'écriture, de sa nécessité et de ses œuvres. L'idée « que Dieu n'est à son aise qu'en petit comité, de même qu'il ne réussit vraiment que les petits morceaux[21]. »

La mélancolie des écrivains

Ce matin où le ciel a des couleurs menaçantes qui donnent envie de revoir une pièce de Strindberg ou un film de Bergman, reprenant cette lettre abandonnée hier soir, je vous dirai, Mademoiselle Esperluette, que les écrivains sont chez nous d'autant plus englués dans cette turbulente et indéfinissable mutation qu'ils ont le tempérament mélancolique.

Ils ont toujours eu soif de reconnaissance, ces écrivains, et longtemps, sous des airs de n'en pas vouloir, ils se sont persuadés – et ils s'en persuadent encore, croyez-moi – qu'ils détenaient une autorité de droit quasiment divin à laquelle aspirent ceux qui se sont mis en tête de les rejoindre sur les marches du trône ou de l'autel. Aujourd'hui, régnants ou prétendants, tous savent ou se doutent que la reconnaissance et l'autorité ne sont plus simple affaire de talent, qu'elles s'obtiennent, se conquièrent, s'arrachent au prix de tapages médiatiques, d'arrangements clientélistes, d'intrigues entre initiés, de mondanités soutenues et de rumeurs orchestrées. Pour ce motif, les uns, tout en s'efforçant par leurs attitudes de conserver quelque noblesse, descendent les marches du trône afin de se mêler à la foule, tandis que les autres les grimpent quatre à quatre sans être embarrassés de respect ou d'égards.

Ceux-ci m'intéressent, pour l'instant, plus que les autres. Car pour marquer leur émancipation, pour montrer que le temps passe et que les générations ne se ressemblent pas, et aussi – mais cela, ils le dissimulent – pour se débarrasser d'encombrantes contraintes, les plus présomptueux de ces conquéreurs s'en prennent au langage et à ses formes. Et eux, qui n'ont pas pour le faire la verve d'un Rabelais ou la fièvre d'un Rimbaud, l'autorité d'un Céline ou l'humour d'un Queneau, ou encore le tour de Michaux dans *Le grand combat*, ils s'en justifient par cette prétention que j'ai entendue cent fois dans leur bouche : « Cela fait sens ! » Évidemment, cela fait sens, mais l'ignorance ou la trivialité, elles aussi, font sens ! On devrait leur mettre entre les mains la *Circulaire sur l'orthographe des enseignes à Paris* que rédigea le préfet Delessert en 1846, car on peut y lire ceci : « … vous comprendrez avec moi que, dans une capitale civilisée comme la nôtre, à une époque où l'instruction est aussi répandue, il est fâcheux de voir la langue française publiquement maltraitée jusque dans les quartiers les plus brillants et les plus fréquentés par les étrangers. »

Mais c'est inutile. Du balai ! s'exclameraient ces petits Rubempré qui, en vous apportant leur manuscrit mis en plis et si joliment formaté par l'ordinateur, vous disent que, dans le temps où ils écrivent, jamais ils ne lisent, par souci de n'être pas influencés. De maîtres ou de patrons ils n'ont cure, de modèles et d'exemples ils n'ont que faire.

Il m'est arrivé de recommander à tel jeune postulant, à telle débutante, un exercice qui a fait ses preuves. « Prenez donc, leur disais-je, un auteur que vous admirez particulièrement, choisissez dans son œuvre le livre dont la lecture vous a bouleversé, et dans ce livre telle page qui vous a illuminé. Vous la trouverez sans peine si, comme je l'espère, les livres de votre bibliothèque ont des pages marquées par les signes que votre jouissance (et parfois votre exaspération) de lecteur vous y a fait poser. Ces pages-là, recopiez-les lentement, à la main, sans omettre une virgule, et vous découvrirez la mystérieuse alchimie de l'écriture, vous accéderez à la magie de l'écriture générative. » À quelques exceptions près, dans les meilleurs des cas, je voyais l'incrédulité ou la compassion frémir dans leur regard, et dans celui des autres la trémulation du mépris.

Il faut donc en convenir, chère amie : s'il n'est pas tout à fait désacralisé, du moins pas encore, le statut de l'écriture bat de l'aile. D'aucuns, à signer de temps à autre un livre préféreraient paraître régulièrement à l'écran. Le respect et la déférence qui faisaient à la fois une auréole et une armure aux gens de lettres risquent de n'être bientôt plus, dans ce monde hologrammatique, que breloques reléguées parmi les accessoires d'un théâtre archaïque.

Des mots à la queue leu leu

Si vous n'êtes pas encore lasse de ces réflexions, Mademoiselle Esperluette, je vous invite ce matin à relire avec moi, dans la lenteur qui s'impose, quelques lignes de Giono… « Avec l'écriture on n'a pas un instrument bien docile. Le musicien peut faire entendre simultanément un très grand nombre de timbres. Il y a évidemment une limite qu'il ne peut pas dépasser, mais nous, avec l'écriture, nous serions même bien contents de l'atteindre, cette limite. Car nous sommes obligés de raconter à la queue leu leu ; les mots s'écrivent les uns à la suite des autres, et, les histoires, tout ce qu'on peut faire c'est de les faire enchaîner[22] ».

« Tout ce qu'on peut faire... » Avec ces mots, vous méditerez sur l'une de ces mystérieuses impuissances, incapacités ou misères de l'écriture qui, pour ceux qui les connaissent, les fréquentent, les méditent et les affrontent, sont la source même de son pouvoir et de son mystère. On est loin, on est même aux antipodes de certaines galipettes langagières sans esprit ni arrière-plan, loin des « émoticônes » ou des SMS à côté de quoi les inventions oulipiennes paraissent déjà bien timides. Or la périlleuse aventure qui consiste, en fin de compte, à faire reculer les frontières du langage pour en élargir le territoire, c'est celle qu'avec leurs baskets envoient valdinguer des écrivants qui ne sont dits écrivains que par le dossard dont ils s'affublent et par la publicité que parfois on leur fait.

Mais n'allez pas imaginer que, garnements ou fripons, je les tienne pour usurpateurs ou imposteurs, ces entichés d'écriture. Il y a des dérèglements salutaires comme il y a de fructueuses folies. Même si leurs ambitions sont équivoques, ils ont eux aussi le sentiment qu'il leur faut participer d'une manière ou d'une autre à la translation de cette chose énigmatique et infiniment mystérieuse qu'ils ont reçue ou perçue, et qu'ils veulent transmettre à leur tour après l'avoir fait passer par leur alambic personnel : le pourquoi de leur présence au monde. Leurs percepts – au sens où l'entend Deleuze[23] en parlant de ce qui fait survivre perceptions et sensations à ceux qui les ont éprouvées et traduites – ne sont pas insignifiants, ils font partie de notre magma collectif, et pour cela je les respecte.

« N'importe : je fais, je ferai des livres, disait Sartre ; il en faut ; cela sert tout de même. La culture ne sauve rien ni personne, elle ne justifie pas. Mais c'est un produit de l'homme : il s'y projette, s'y reconnaît ; seul, ce miroir critique lui offre son image[24] ». Et l'Américain Don DeLillo, lui, quarante ans plus tard, dans un entretien à propos de *Cosmopolis*[25], affirme qu'il est important

22 Jean Giono, *Noé*, Gallimard, 1961.

23 *L'Abécédaire de Gilles Deleuze avec Claire Parnet*, Éditions Montparnasse, 1997.

24 Jean-Paul Sartre, *Les mots*, Gallimard, 1964.

25 Don DeLillo, *Cosmopolis*, Actes Sud, 2003.

pour l'écrivain « d'écrire contre le pouvoir, les corporations, l'État, et l'ensemble du système de consommation ». L'ombre de Rousseau et la silhouette de Guy Debord ne sont pas loin…

Mais soyons sur nos gardes car, dans le désordre du chaos, à notre nez et à notre barbe (pardon, Mademoiselle), une esthétique nouvelle est peut-être en train de se former dont nous n'avons pas plus idée que ceux qui la tricotent. Il peut arriver qu'un nouveau baroque ou un nouveau kitsch, pour reprendre les exemples avancés par Duvignaud, soient en train de germer dans le tumulte, encore invisibles à nos yeux. Avec toutefois cette différence : que rien aujourd'hui n'est vraiment protégé de la curiosité, de l'indiscrétion ou du harcèlement, que rien n'est à l'abri de la rumeur, des plumes, des micros et des caméras, que rien n'est mithridatisé, protégé de la contagion ou de la contamination, que rien ne reste dans l'ombre, rien en dehors. Dans la même marmite, alternativement en train de mitonner ou de bouillir (quand, tous feux éteints, la potée n'est pas en train de refroidir), se retrouvent les créateurs et les créatures, les manipulateurs avec les manipulés, l'art, la culture, les maîtres et les apprentis, les actifs et les passifs, les producteurs et les consommateurs, l'économie et même cet organe viscéral qu'on appelle conscience.

Mais comme s'il s'agissait de me rappeler que toute nouveauté a des gènes anciens, je tombe dans une récente anthologie[26], sur cette remarque d'un vieux pessimiste, Julien Benda, qui avait en son temps dénoncé « la trahison des clercs » : « Il suffit d'ouvrir un manuel de littérature grecque ou latine, écrit-il, pour constater que les belles époques littéraires sont d'un demi-siècle alors que les littératures dites de décadence durent six cents ans. » Six cents ans… cela fait combien de générations, Mademoiselle Esperluette ? Mais peut-être avez-vous un destin de Belle au bois dormant de la littérature sur les lèvres de laquelle, vers 2600, un galant écrivain viendra poser le baiser de la résurrection…

26 Jérôme Duhamel, *La passion des livres*, Albin Michel 2003.

De l'inversion des pôles

Maintenant, gardons-nous de croire que la crise qui nous tracasse serait crise circonscrite à la littérature, à l'édition, à la lecture, crise d'un secteur particulier qu'il suffirait de mettre en quarantaine pour éviter qu'il n'en contamine d'autres et pour lui apporter les soins particuliers qui le tireraient d'affaire.

Il faudrait, en effet, être sourd, aveugle et quelque peu attardé pour ne pas voir que c'est notre société dans sa tumultueuse totalité – et avec elle, de manière si souvent dégradante, les sociétés dépendantes – qui est emportée dans une singulière mutation, une sorte de révolution au double sens du terme, astronomique et politique, dans laquelle, de bon ou de mauvais gré, tout est embarqué, impliqué, une sorte de « grand dérangement » qui dépasse de loin, par ses intrusions, ses ravages et ses conséquences, le changement provoqué par ce que l'ère libérale, avec ses allures de gourou *new age*, appelle la « mondialisation ».

« Quelle distance sépare Bruxelles de Paris ? m'avait demandé mon grand-père quand j'étais enfant. – Trois cents kilomètres ? avais-je risqué avec un peu d'inquiétude car je connaissais les ruses pédagogiques du bonhomme. – Non, avait-il fait, souverain, en étalant une carte sous mes yeux. Trois centimètres ! » Je n'avais eu ni la présence d'esprit ni l'audace de lui répliquer que la carte n'est pas le territoire, et il m'en fit reproche. Cette leçon-là, qui me fut donnée quelques années avant de découvrir les « Ceci n'est pas une pipe » et « Ceci n'est pas une pomme » de Magritte, je ne l'ai pas oubliée, ni oublié comment elle allait me rendre attentif à la précipitation des événements.

Surgies des boîtes de Pandore de la recherche, les prouesses analogiques, télématiques et numériques ont, en effet, depuis lors, si bien réussi à tout transformer en images, si bien réussi à les répandre sur la planète entière, à les faire défiler sur des millions d'écrans (voyez les paraboles qui ornent le paysage urbain des cités, même les plus pauvres), si bien réussi à les décliner, les combiner, les raffiner, à leur donner des rythmes qui en déforment si malignement le

27 Notez au passage, la proximité de « mirage » et « image », et souvenez-vous que l'*imago* est aussi l'ombre d'un mort...

28 Pia Petersen, *Parfois il discutait avec Dieu*, Actes Sud (un endroit où aller), 2004.

sens, à les faire passer du témoignage à la subversion en un si habile tournemain, qu'il n'est plus un événement, plus un pan de l'histoire, plus un coin de la connaissance, plus un aspect de la création ni même une bribe de la pensée qui n'aient été captés et représentés, interprétés, métamorphosés, anamorphosés, bistournés avec tant de désinvolture, avec une si perfide malice, avec un tel mépris de l'historicité de notre héritage, et à une cadence si infernale, qu'aux milliards d'yeux qui les contemplent et les scrutent et les suivent et en redemandent même quand ils en perçoivent l'artificialité ou l'inaccessibilité, ces représentations virtuelles ont, avec leurs mirages, pris la fonction et le rôle qui étaient ceux des réalités tangibles[27].

Peu à peu – mais en vérité très vite – la révolution s'accomplit, me disait récemment une amie danoise qui en a fait l'argument sous-textuel d'une fable étrange[28], une révolution qui, à terme (pour autant qu'un terme soit imaginable dans cette procédure), aura très vraisemblablement inversé les pôles de la perception. Le virtuel, instrument de la servitude, sera devenu la réalité fondamentale et le réel, lui, affligé par la pauvreté de n'être qu'un réel sans magie, sans prestige et sans sortilège, privé de ses tambours et trompettes, apparaîtra comme une pauvre et triste contrefaçon.

Alors, cette révolution dans laquelle nous sommes aujourd'hui engagés, *nolens volens*, sans en avoir une claire perception, sans comprendre que plus tard, aux yeux de l'histoire, elle aura peut-être plus d'importance que n'en eut la révolution industrielle, puisse-t-elle (vœu bien illusoire, j'en conviens) tourner court ou capoter ! Car vous imaginez dans quel abîme de platitude, sinon, se trouvera précipitée la littérature, elle qui avait pour fonction de susciter et de stimuler, dans le théâtre de notre affectivité et dans l'arène de notre imagination, des représentations dont nous étions les seuls acteurs. Que deviendront, à leur tour, ces merveilleuses machinations qui, sans répit, sont confrontées à celles, toujours nouvelles, toujours présentes mais jamais préhensibles et sans cesse volatiles, qui ont entrepris de les dévorer ?

« Toute révolution qui n'est pas accomplie dans les mœurs et dans les idées échoue », disait Chateaubriand dans son *Histoire de France.* Échouer ? Pour n'être pas définitivement dépossédée de son pouvoir et de ses mandats, la littérature devrait avoir l'ambition d'une sorte de *reconquista*, en prenant pour objet, sujet, voire cible obsessionnelle, la dramaturgie même de cette mutation diabolique. Mais pour être capables de pareil sursaut, quel tempérament de philosophe devraient montrer des romanciers confrontés au permanent impératif du régime binaire : à prendre ou à laisser !

Au fond, c'est la question de la modernité qui par ces voies se manifeste. « Nous appelons précisément "moderne" ce qui se rend sensible à faire brusquement vieillir les notions, vouées dès lors au sort des monuments », dit le philosophe Michel Guérin[29]. Voilà qui m'incite à me demander si, au moment où tout est virtualisé avec pareille frénésie, le désir archaïque de cristalliser dans la durée ce qui est en train de s'écrire a encore le moindre sens, si l'idée que nous nous faisons du temps n'a pas pris un sérieux coup de vieux dans ce tumulte, et si le futur, lui, a encore la moindre possibilité de faire escale dans le présent avant de basculer dans le passé.

29 Michel Guérin, *Nihilisme et modernité*, éditions Jacqueline Chambon, 2003.

Serions-nous des héros ?

En vous brossant à la Jérôme Bosch le tableau de ces enfers et de nos petits paradis menacés, il me vient à l'idée que nous sommes peut-être des héros : vous, Mademoiselle Esperluette, et moi qui vous ai rejointe dans des inquiétudes dont j'avais d'abord l'air de me moquer. Des héros un peu ridicules, mais des héros tout de même. Alors, en complice, je vous la pose, cette question que je me pose : et si nous faisions partie des derniers résistants à une razzia liberticide dont les pillards, persuadés que l'action suscite la pensée – ils en sont pourtant fort dépourvus – et convaincus que le libre-échange est une sorte de libre pensée, se réclament de la liberté de publier et de vendre tout et n'importe quoi au prix de n'importe quel règlement de compte concurrentiel ?

Il me reste très présent qu'au temps où fut instituée par Jack Lang – le ministre de la Culture de François Mitterrand – la loi dite « du prix unique » qui allait sauver la nation des libraires des ravages causés par le dumping que pratiquaient de grands circuits de distribution (et qui jusqu'ici l'a sauvée), des voix se sont élevées pour protester contre ce qu'elles disaient constituer une atteinte à la liberté. Mais quelle liberté ? avons-nous demandé. La liberté d'écraser, au nom de la sacro-sainte concurrence, ce qui est rare, beau, fragile, périssable mais nécessaire au parcours éducatif, à l'épanouissement culturel et à l'efflorescence de la sensibilité ? Le livre, tel que nous l'entendons, ajoutions-nous, n'est pas un produit comme la gomme à mâcher, l'huile ou le savon, l'automobile ou l'ordinateur ; il n'est pas non plus un service comme le transport aérien, la Régie des eaux ou le téléphone. La question n'est pas d'avoir le meilleur produit au meilleur prix ni de subordonner par principe la sauvegarde d'une œuvre à celle de la trésorerie, mais d'empêcher la création littéraire d'être laminée, ou remplacée, ou ensevelie par des livres complaisants et serviles, dans les lieux mêmes où elle était jusque-là présente. La vraie liberté, c'est la liberté d'accéder à des valeurs qui ont le prix des choses sans prix.

Essayez toujours de dire cela à des financiers qui, en achetant une maison d'édition, rachètent des auteurs comme les stocks de l'usine qu'ils reprennent, des financiers qui, sachant signer un chèque mais ignorant ce que signifie signer une œuvre, se proclament « fédérateurs » de l'édition alors qu'ils asservissent la littérature à l'économie de marché en décrétant, comme l'un d'eux, que ne pas être du métier n'est pas un handicap ! Oui, essayez de le leur dire, vous apparaîtrez aussitôt comme retardataire ou débile.

Hélas, avec le temps qui court si vite, avec les choses qui changent sans que l'on s'en aperçoive, avec les clairs de lune que les nuages recouvrent en un instant, et avec l'obstination de libres-échangistes sans culture qui sont toujours prêts à démanteler les barricades de la liberté, d'innombrables produits de papier ont été introduits dans le commerce du livre, une terrible confusion règne, et la plupart des librairies sont envahies par des « produits » dont la gestion, sous menace de déconfiture, est réglée avec le savoir-faire de cadres commerciaux issus des meilleures écoles de vente : rotation rapide, marges conséquentes et priorité aux plus performants dans l'ordre du profit.

Qu'importe, vous dira-t-on, des livres se vendent et les meilleurs l'emportent ! Il est incontestable, en effet, que des ouvrages de valeur s'imposent parmi les « produits d'appel » et que certains ont atteint par cette voie un succès qu'ils n'auraient pas connu autrement. Mais on ne vous dira pas – et d'ailleurs on l'ignore – combien succombent, qui méritaient un autre sort que la mort précoce, quand ce n'est pas la mort subite. On ne vous dira pas non plus que, pour des œuvres dont la première reconnaissance n'est pas évidente, les chances de s'imposer s'amenuisent si vite dans ce casino que l'on peut se demander quelle capacité de s'inscrire lentement dans le thésaurus littéraire, comme ils le firent jadis, auraient aujourd'hui les premiers livres de Proust, de Joyce, de Musil, de Kafka. « Je mets un billet à une loterie dont le gros lot se réduit à ceci : être lu en 1935 », écrivait Stendhal en 1835 dans la *Vie d'Henri Brulard.*

Ah, peut-être ne sommes-nous que des Don Quichotte confrontés au réalisme des Sancho Pança, ou des illuminés pareils aux « hommes-livres » de *Fahrenheit 451*[30] qui, pour préserver les œuvres de la disparition, les apprenaient par cœur. À moins – et ce sont les averses inhabituelles et les crues de ces jours derniers qui m'y font penser –, à moins que nous ne soyons appelés à monter dans une arche pour y attendre la fin du déluge avec les livres que nous aimons… Mais les six cents ans de Benda, c'est long !

30 Ray Bradbury, *Fahrenheit 451*, Gallimard, Folio SF, 2000.

Les faux amis

Toutefois, s'il faut se réfugier dans l'arche, Mademoiselle Esperluette, alors, pour le choix des livres que vous lirez en attendant que vous apparaisse la colombe avec son rameau d'olivier, prenez garde aux « faux amis » qui cherchent à vous diriger dans vos achats. De même que les traducteurs ne peuvent se laisser piéger par la fourbe ressemblance que, d'une langue à l'autre, offrent certains mots – comme *library* qui, en anglais, ne veut pas dire « librairie » mais « bibliothèque » –, de même il faut prudence avoir devant les conseils de lecture donnés par ces faux amis dont le masque vous fait croire qu'un jugement réfléchi, une conviction profonde ou un réel plaisir fondent leurs conseils, alors que ceux-ci procèdent d'une ambition mercantile.

Ce genre de matoiserie ne date pas d'hier, et il me plaît de vous raconter cette histoire… En 1923, Bernard Grasset recourut au film publicitaire, aux affiches et aux placards dans la presse pour annoncer, par rafales successives, la parution imminente du *Diable au corps* de Raymond Radiguet, et pour assurer d'avance le succès de « Bébé Cadum », comme il appelait alors son jeune auteur. La parution advenue, et loin de se laisser démonter par l'éreintement que Paul Souday, dans *Le Temps*, ancêtre du *Monde*, avait (injustement, il faut le dire) infligé au roman, Grasset fit aussitôt insérer dans la presse une annonce ainsi libellée : « Tout le monde a lu l'admirable article de Paul Souday sur le premier livre de Raymond Radiguet, qui consacre définitivement la gloire du jeune écrivain. » C'est là, si je ne me trompe, ce qui s'appelle ouvrir la porte au cynisme. Une porte par laquelle ils ont été de plus en plus nombreux à s'engouffrer en se parant de toutes les plumes de l'efficacité.

Ce n'est donc plus l'éditeur, amateur de bonne littérature, qui propose à des lecteurs avertis et désirants un ouvrage qu'il a pris sur lui de mettre en avant, c'est le marchand qui glorifie son produit avec l'esprit propre aux gens de la publicité – un monde, vous le savez, où la règle première veut que, sous peine d'excommunication, on tienne l'argumentaire commercial pour évangile –, c'est le camelot qui, sans avoir idée de ce qu'est une œuvre, désigne une brique de papier comme étant un chef-d'œuvre et qui, dans sa fièvre zélatrice, va jusqu'à confondre impudiquement œuvres et bonnes œuvres.

Vous vous demandez peut-être s'il est bien nécessaire de manifester tant de méfiance, de montrer tant de circonspection ? Après tout, vous êtes en droit de vous dire que dans de tels souks, dont le labyrinthe fait le charme, il y a plus d'une manière de retrouver son chemin. Ne serait-il pas naturel que vous songiez alors à des moyens de traverse, et par exemple aux recommandations de lecture que font à leur manière les prix littéraires ?

La valse des prix

Des prix littéraires, oui, vous auriez raison de le souligner, il en est d'excellents. Des jurés ont fait connaître, en effet, des écrivains qui sans leur initiative seraient peut-être restés longtemps dans des zones d'ombre. Mais il en est aussi – et parfois les mêmes – qui ont consacré des auteurs dont l'oubli a eu très rapidement raison (pas de noms, par pitié), alors même qu'on laissait sur le bord de la route des œuvres considérables. C'est que l'élection et la gloire éphémère de quelques-uns va rarement sans le bannissement des autres.

Dans les années soixante du siècle dernier, les éditions Rencontre, à Lausanne, avaient lancé une collection dans laquelle étaient réédités, année après année, les livres qui, en leur temps, auraient dû, selon leurs experts, recevoir le prix Goncourt. Jean-Louis Curtis, Robert Kanters, Olivier de Magny, Maurice Nadeau et Gilbert Sigaux ont ainsi décerné, en 1962, le « Prix Rencontre 1922 » au *René Leys* de Victor Segalen, manière de dire que les Goncourt eussent mieux fait, cette année-là, de choisir ce livre exceptionnel plutôt que de porter leurs voix sur *Le martyre de l'obèse* d'Henri Béraud. Ah, Mademoiselle Esperluette, si vous ne l'avez pas encore lu, je vous presse de le découvrir toutes affaires cessantes, ce *René Leys*, alors qu'il ne me viendrait pas à l'idée de vous infliger *Le martyre de l'obèse.*

La réalité, ma belle, c'est que, dans le monde des prix, se joue chaque année une rapsodie où les découvertes voisinent avec les combinaisons, où le meilleur fréquente le pire. Assez pour vous faire perdre la boussole. Et d'abord, voyez que ces prix – en particulier en France – sont attribués par des académies, des clubs, des cercles ou des cénacles dont les jurys, la plupart du temps constitués de membres perpétuels, ne sont modifés que par la disparition de l'un d'eux ; de telle sorte que, avec la routine et le temps, s'établissent des règles, des complaisances, des arrangements, et s'indurent des habitudes et stratégies qui ressemblent à celles qui avaient cours dans ces « comités de lecture » de mythique réputation, aujourd'hui (quoi qu'on en laisse paraître) quasiment disparus, petites arènes avec le temps devenues des lieux où la négociation entre partenaires prenait le pas sur le jugement littéraire.

Et puis, dès lors qu'il s'agit d'un des « grands » prix – entendez l'un de ceux sur lesquels sont braqués pour un temps, chaque année, les feux de l'actualité –, une véritable compétition économique se déclenche sous l'apparente loterie littéraire. Car, par ces prix-là, des ventes considérables sont promises, souvent de plusieurs centaines de milliers d'exemplaires. Ce qu'apporte un prix Goncourt à l'heureux éditeur du lauréat peut donc sauver celui-ci de la déconfiture financière qui le menace, ou grossir son bas de laine – et c'est le plus fréquent puisque le prix, par un divin hasard, va presque toujours à l'un des « grands » éditeurs d'un cercle très fermé. Quand des intérêts d'une telle importance sont en jeu, comment diable voulez-vous que règne la sérénité ?

Mais demandons-nous pourquoi les médias, dans leur ensemble, ont pris l'habitude de faire grand cas de certains prix et si peu de cas, voire aucun, de prix pourtant décernés par des jurys composés de membres dont la capacité d'appréciation et l'intelligence valent bien celles des honorables « Goncourt » ou autres « Renaudot ». Pourquoi, sinon parce que la tapageuse personnalité des uns, dans la religion médiatique, compte plus que le discret jugement des autres. Pourquoi, sinon parce qu'une star rameute plus de lecteurs qu'un second couteau. Et dans la foulée, demandons-nous pourquoi si rares sont, venues de ces mêmes médias, les protestations, les controverses ou les contre-propositions quand l'attribution d'un prix à fort retentissement est d'évidence incompréhensible sinon scandaleuse.

D'ailleurs, parce que de Renaudot il vient d'être question, à l'instant me revient le souvenir d'une belle colère de Max-Pol Fouchet me prenant à témoin de son indignation : il avait frôlé, me dit-il un soir, l'éviction du comité dont il faisait alors partie car il avait eu le toupet de proposer que les jurés, ses confrères, soient désormais tenus de rédiger des notes de lecture afin que, dans les débats sur les livres inscrits dans la course, on fût certain que tous les avaient lus.

Il y a, certes, des prix attribués d'une autre manière : les uns par des juges rigoureux, les autres par des jurys de lecteurs chaque année différents, et leur succès croissant est sans doute le signe que certains comportements commençaient à éveiller la méfiance. Mais la prudence reste de mise à l'endroit de toutes les proclamations, sauf à considérer que la valeur d'un livre et la légitimité d'un prix littéraire se jugent sur l'état des ventes plutôt que sur le bouleversement que, lecture faite, le livre pourrait avoir apporté dans votre vie. Après tout, Mademoiselle Esperluette, il vaut mieux vous dire qu'un prix littéraire, ça ne fait pas plus le talent qu'une hirondelle ne fait le printemps.

Et le spectacle ?

Le doute vous tient malgré tout ? Vous pensez peut-être à ces divertissements truffés de bons conseils de lecture que sont les émissions littéraires, en particulier celles de la télévision ? Mais êtes-vous sûre de ne pas vous référer au souvenir de celles qui connurent leur temps de gloire quand, le vendredi, il n'était question ni de rendre visite à des amis ni d'aller au spectacle, car ce soir-là Bernard Pivot tenait table d'hôtes avec *Apostrophes* et que, dès le lendemain, les vitrines et les tables des libraires étaient garnies d'ouvrages de ses invités ? Ce fut longtemps une exception et une gloire françaises. Mais vous savez ce qu'il est advenu de cette émission-là, et d'autres : en vertu des règles incontournables de l'audimat, et malgré leur succès, elles ont dû céder leurs « tranches horaires » à des divertissements plus conformes aux exigences des publicitaires, ces plénipotentiaires qui ne consentent à insérer leurs « messages » que dans des émissions susceptibles de rassembler des millions de téléspectateurs devant leur écran ! « Réveillez-vous, m'a dit récemment un jeune loup de la communication. Un match de foot rassemble en un soir, dans un stade, plus de gens que vous ne pouvez espérer de lecteurs dans les mois qui suivent la sortie d'un livre. Vous et moi, nous ne jouons pas dans la même catégorie. » Tu l'as dit, petit, ai-je pensé. Nous ne jouons pas dans la même catégorie. Ni dans le même stade. Dieu nous en préserve !

Tenez, l'autre soir, un vieux professeur insomniaque m'a téléphoné pour me dire le plaisir qu'il avait eu de me voir et de m'entendre à la télévision… à cinq heures du matin. En effet, j'avais été invité par Philippe Lefait, en compagnie d'Emmanuelle Laborit, Daniel Mesguich et quelques autres, pour l'enregistrement d'une émission intitulée *Des mots de minuit*. Minuit ? Euphémisme ! La première diffusion avait eu lieu, quelques jours plus tard, à une heure trente, et la seconde, le jour suivant, à quatre heures trente. Du matin, bien entendu. Ainsi, me suis-je dit, de telles émissions qui, si peu que ce fût, auraient pu compenser l'inflation d'inculture et de sottise déclenchée par le pouvoir des annonceurs et de leurs bouffons, sont désormais réservées aux insomniaques et aux obstinés qui branchent leurs magnétoscopes.

À signaler, tout de même – oui, sans doute alliez-vous me le dire – la radio, qui résiste mieux parce qu'elle subit moins de pression commerciale et parce qu'elle propose, à des heures où l'on est nombreux à l'écouter, des billets, des chroniques, des débats si intéressants (la part étant évidemment faite des flèches au curare qu'il est de bon ton d'y décocher pour se mettre en valeur) qu'à leur suite il m'est arrivé de me précipiter chez mon libraire.

Au train où vont les choses, pour la radio comme pour la télévision, je redoute cependant des dérives, telle l'introduction de messages commerciaux là où on ne les attend pas, à la façon de ce que l'on appelait jadis la publicité invisible et aujourd'hui : subliminale. Ou encore cette manière qu'a parfois la fiction télévisuelle de donner, aux livres qu'elle adapte, une orientation dominée par l'angoisse du taux d'écoute. Et déjà certains auteurs, attentifs à la tendance, orientent leurs livres dans ce sens. Ils se tournent vers la Mecque du profit et s'inclinent.

Et si, après tout, ce que l'on appelle « la crise du livre » était d'abord une crise de la communication ?

Le pessimisme fécond

Juste en passant, et pour motiver mon propos, légitimer mes caprices et expliquer mon humeur, Mademoiselle Esperluette, voici peut-être le moment de vous avouer combien, à certains moments, je suis exaspéré par l'optimisme de ceux qui prétendent opposer une nature généreuse et confiante aux idées noires des défaitistes et à leurs apocalypses vaticinées. Souvent, je vous le dis, dans les délibérations, les colères, les dénigrements et les inquiétudes de ces défaitistes-là, j'ai trouvé plus de raisons de m'attarder et plus d'occasions de m'instruire que je n'en ai débusqué dans le catéchisme des autres et dans leurs obsessions sermonneuses qui fournissent une justification si opportune aux célébrations de l'avoir et du consommable.

Dans le pessimisme, il n'est pas rare de percevoir les protestations et tourments d'une angoisse existentielle là où, chez nombre de leurs contempteurs, à l'avers on trouve satisfaction béate, morgue exclamative ; et au revers : soupçons et menaces voilés, principes mêmes d'une société du spectacle et de la consommation. Oui, c'est tout réfléchi, ma chère : au pessimisme que m'inspirent la complaisance et l'aveuglement des optimistes proclamés, je préfère l'optimisme des idées et graines d'idées

31 *Journal d'instruction sociale.*

que j'ai trouvées dans les tiroirs du pessimisme. Après tout, dans l'histoire littéraire, combien de chefs-d'œuvre ne sont-ils pas nés de ce mal-être !

Un mot des charlatans

Condorcet, lui, disait que « toute société qui n'est pas éclairée par des philosophes est trompée par des charlatans[31]. » Eh bien, voyez : notre société est infiltrée par des publicitaires qui se donnent des airs de philosophes, et elle est bernée par des philosophes qui ont des pratiques de publicitaires. Elle est ainsi abusée par des charlatans qui nous assiègent à chaque instant de notre vie avec des idées reçues et des citations détournées, avec des formules magiques, avec des potions aphrodisiaques prometteuses de puissance, avec la tentation des millions qu'ils prennent dans la poche des uns pour les mettre dans celle des autres (petits prélèvements au passage), et avec leurs fameux « logos ». Et dans les boniments de ces gens-là, les livres ne sont pas séparés du reste. Voyages, cuisine, amour, cuissage, mariages et enterrements : tout est mêlé et prêt-à-porter, à entamer ou à consommer.

D'ailleurs, prenez garde, Mademoiselle Esperluette ! Ces charlatans n'ont pas raison mais ils ne sont pas bêtes et ils sont dangereux. Ils connaissent l'efficacité de la contamination. Dites-vous que si la lecture occupe un quartier dans votre vie, elle n'occupe pas toute la place. Et vous risquez de n'avoir d'autre attitude en ce quartier que celle que vous avez adoptée dans l'ordinaire de votre comportement. Avec la routine, avec les habitudes qui vous sont venues, avec (pardonnez-moi) les plis que vous avez pris, et avec le tintamarre qui vous entoure, ce que vous acceptez là, il y a peu de chance que vous le refusiez ici. Pour sauvegarder vos plaisirs de lectrice, vous avez donc intérêt à demeurer vigilante. Les bonnes lectures, celles que nous n'oublierons pas, souvent procèdent de nos révoltes.

Et si nous nous comptions ?

C'est indéniable, la lecture est un privilège qui devrait être accessible à tous. Mais au terme d'une journée qui, par ses traits de lumière, m'a donné la dangereuse illusion que le printemps était proche alors que l'on nous annonce un retour de bâton de l'hiver, il me paraît tout à coup important de vous le dire : il serait aussi naïf de prendre le lectorat potentiel pour une gigantesque assemblée de catéchumènes (qu'il suffirait de baptiser dans les eaux de la littérature pour les convertir à la lecture), que cynique ou scandaleux d'y voir une réserve d'Indiens que l'on pourrait, au prix de quelques promotions, transformer en dociles « consommateurs ».

Les livres auxquels nous sommes tellement attachés, Mademoiselle Esperluette, ne sont pas des livres pour tous. On aurait beau les offrir, ils n'auraient pas beaucoup plus de lecteurs qu'ils n'en ont déjà. Car il ne suffit pas de savoir lire pour pouvoir lire. Afin de parer la bastonnade, j'aurais dû revêtir heaume et armure pour dire cela, mais je persiste à le prétendre et à le répéter : si l'on n'y a pas été préparé par une éducation, qu'elle fût particulière ou sociale, on ne peut trouver dans la lecture que déception et, pire, graines d'hostilité. Donner à lire à qui ne sait pas lire revient à le détourner pour longtemps des livres, sinon à jamais.

Elle me turlupine d'ailleurs, cette idée qu'en manipulant des chiffres avec légèreté ou désinvolture, on entretient des idées fausses ou approximatives sur la nation des lecteurs et sur son comportement. Et je me dis que si l'on se décidait à entreprendre une étude sérieuse de la lecture, en remontant aussi loin que les archives et les informations le permettent, il ne serait pas surprenant que l'on découvrît une grande régularité, une sorte d'égalité ou, si vous préférez, une manière d'invariabilité dans le pourcentage de lecteurs issus d'une population en capacité de lire, ayant les moyens de le faire et qui auraient reçu les encouragements nécessaires. Si les lecteurs sont aujourd'hui plus nombreux qu'au dix-neuvième siècle, c'est parce que, parmi d'autres conquêtes sociales, l'instruction obligatoire a été instaurée, qui a ainsi augmenté le « public potentiel ». Au terme de l'étude que je suggère on verrait cependant, j'en jurerais, que le pourcentage de lecteurs mus par une volonté ou par un désir personnels ne serait pas, lui, très différent. Qui voudrait le faire progresser, ce pourcentage, ne pourrait se tourner que vers ces instances insaisissables, mouvements d'opinion et conversions sociales qu'on attend comme le Messie : toujours en vain ; ou espérer l'imprévisible lame de fond qui conduirait la société à bouleverser l'ordre de ses priorités.

On veut toujours plus de lecteurs ? Non pas pour satisfaire des ambitions commerciales, mais pour la bonne cause ? Quoi de plus légitime si l'on croit vraiment à la nécessité de déployer la capacité de réflexion et la clairvoyance des citoyens. Mais alors, il faut commencer par accorder plus d'éducation, meilleur enseignement, favoriser une disposition à un tout autre « art de vivre », et ne jamais confondre le faire-lire avec l'apprendre-à-lire, le déploiement de la lecture avec l'alphabétisation. Sous un air idéalo-paternaliste, et même si elle est mesurée, c'est une perspective plutôt révolutionnaire. Songez aux bouleversements et aux renversements de privilèges qu'elle entraînerait ! C'est comme si un parti politique allait, tête haute, à une défaite électorale annoncée en proposant beaucoup plus de livres et beaucoup moins d'autos…

Bibliothèques de rêve

En attendant ces lendemains qui feraient grincer des dents, restons présents au présent. Tenez, un souvenir d'enfance me revient… J'avais l'âge des premières lectures, celles qui sont à la fois impatientes et inquiètes. J'avais emprunté à la bibliothèque publique (publique ou communale, que disait-on à l'époque ?) le premier tome de *Sans famille* d'Hector Malot, le premier seulement car on n'était pas autorisé à emporter plus d'un volume à la fois. C'était un jeudi, jour où l'après-midi était de congé. J'avais dévoré le livre en quelques heures. Le lendemain soir, haletant, je me suis précipité à la bibliothèque pour obtenir le second volume. J'étais dans l'impatience et l'effroi. Vitalis était en prison et Rémi n'avait que trois sous en poche. Qu'allait-il leur arriver ? Je me souviens fort bien que c'était donc un vendredi, après la classe, vers cinq heures, et la bibliothèque venait de fermer. Par l'horaire affiché sur la porte, je compris qu'il me faudrait attendre jusqu'au lundi. L'idée de passer deux jours sans connaître la suite des aventures de Rémi et du signor Vitalis me mit dans une anxiété sans borne et dans une colère aveugle, je suppliai mes parents de faire rouvrir la bibliothèque, d'en appeler à la police si c'était nécessaire, et il me semble aujourd'hui que leur refus, ou leur impuissance à le faire, fut un des premiers signes de la désillusion au fil de laquelle, inévitablement, les enfants découvrent que père et mère ne sont ni parfaits ni infaillibles... C'est un peu ce qui se passe avec nos institutions, non ?

Jugez-en. Un demi-siècle plus tard je fus amené, en ma qualité d'éditeur, à écrire au ministre de la Culture une épître pour insister sur l'attention très particulière qu'il convenait d'apporter au sort des bibliothèques publiques. Encouragé secrètement par le souvenir de Vitalis et de Rémi, je fis valoir au ministre l'absurdité qui consistait à prétendre encourager la lecture mais à fermer les portes des bibliothèques à l'heure où ceux qui avaient intérêt à les fréquenter sortaient tout juste de leurs écoles, de leurs bureaux, de leurs usines. Et je lui suggérai d'aligner les horaires des bibliothèques publiques sur celles des boîtes de nuit. Le propos était outré à dessein, c'était pour forcer l'attention. (En vain, soit dit en passant.) La description des lieux que j'imaginais m'est restée très présente : des bibliothèques aux façades illuminées et aux portes ouvertes jusque tard dans la nuit, où l'on pourrait consulter les livres sous des lampes aux abat-jour verts, poser des questions sans souffrir de paraître ignorant, demander conseil à des bibliothécaires qui, par leurs réponses et commentaires, ne donneraient pas l'impression de perdre leur temps, et peut-être entendre, presque en sourdine (même si cela fait penser à la « musique d'ameublement » dont parle Satie), les *Variations Goldberg* de Bach ou le saxophone de Dexter Gordon dans *The Shadow of Your Smile.*

EN SOUVENIR DE PAUL LÉAUTAUD

Et puis basta ! Si nous abandonnions un instant ce cahier de doléances, les bibliothèques à leurs horaires, les livres à leur sort, la lecture à son destin, et si nous dansions ce soir, vous et moi, Mademoiselle Esperluette, sur l'air de cette utopie-là ? Vous le savez bien, point d'amour sans utopie…

Eh oui, mais que voit-on ? Peu d'amour, et d'utopie, point ! Non, ce que l'on voit, c'est que l'État, de même qu'il autorise la fermeture des bibliothèques à des heures ridiculement inadéquates, laisse mettre l'éducation scolaire sous la tutelle de la télévision et de son maudit audimat. Sur ses propres chaînes, on le voit consentir sans broncher à la relégation, à des heures nocturnes ou de petite écoute, de programmes éducatifs qui ne sont pourtant pas plus rébarbatifs et souvent même sont aussi passionnants que les cours des professeurs aimant leur métier. Et pourquoi cette relégation ? Parce que l'on attend de la manne publicitaire l'argent nécesssaire au fonctionnement d'une machine à décerveler qui ne sert en fin de compte qu'à s'autoproclamer et ne suscite d'autres besoins que ceux qu'elle crée par la réitération.

On voit de même la manifestation d'une frénésie indécente et d'ambitions ridicules conduire certains éditeurs, non des moindres – et avec eux les distributeurs qui de plus en plus souvent les gouvernent dans la « dérégulation » du libéralisme – à décréter qu'un livre n'est bon que s'il atteint d'entrée de jeu des résultats commerciaux dont la barre est fixée très haut. Et à ne soutenir que ceux-là, en laissant les autres dans une ombre qui d'avance les condamne au silence, à l'oubli. C'est là une justice aussi distributive que celle qui faisait dire, au temps de la « nouvelle frontière », qu'il n'y a de bons Indiens que les Indiens morts.

Je crois me souvenir que Paul Léautaud, quelque part dans son journal, raconte qu'au Mercure de France, dans les années vingt, on sablait le champagne pour célébrer le succès d'un livre au cinq centième exemplaire vendu. Aujourd'hui un livre arrivant à ce niveau ferait ricaner, il serait désigné par les matadors de l'édition comme un bide innommable ou un four scandaleux, le solde du tirage irait sans retard au pilon et le responsable au chômage.

Mais si l'on espère voir apparaître encore de ces auteurs qui, entrés par la petite porte, ont fini par occuper une place dans notre panthéon littéraire – comme Gadenne ou Gaddis, pour n'en citer que deux, fort éloignés l'un de l'autre, dont les noms, dans ma mémoire de lecteur, sont attelés dieu sait pourquoi sinon parce qu'ils ont l'un et l'autre la réputation d'être réservés aux *happy few* –, nous devons savoir que le risque de les attendre en vain, désormais, trouve origine dans l'ogritude économique d'un monde dont les états d'âme sont plus sensibles aux cotes boursières qu'aux éblouissements littéraires.

Hélas, c'est ainsi, chère amie. Pour les affairistes qui, petit à petit, mettent la main sur l'industrie de l'édition, et pour les négociants qui la gouvernent, la question de la création littéraire compte moins que celle d'un lectorat considéré comme un marché qu'il importe d'affourcher et d'exploiter. Et je crains qu'à la faveur ou à l'exemple des vagues d'anti-intellectualisme qui, par les temps qui courent, déferlent sur nos plages dans une marée sans cesse montante, il ne faille plus attendre très longtemps pour que les colonisateurs de l'édition soient tous délivrés du sentiment de culpabilité qu'inspirent encore à certains d'entre eux les origines culturelles de leur activité. Dans la crainte que les récoltes financières ne soient pas à la hauteur de leurs sacro-saints investissements, ne les voit-on pas déjà tout occupés à conjoindre des activités multiples – radio, télévision, cinéma, presse, portails internet, etc. – dans des consortiums qui ne cachent pas leur ambition : le profit, source unique de l'énergie collective ! Quitte à jeter, en cours de route, celles de ces entreprises qui soudain, en femmes stériles, les déçoivent ou les encombrent.

Tenez, voici un exemple d'une des premières, modestes encore mais déjà très significatives manifestations de la nouvelle conduite à tenir pour être dans la course...

Où est passé le prière d'insérer ?

Il fut un temps où les exemplaires d'un livre destinés à la presse partaient accompagnés d'un « prière d'insérer » (quitte à passer pour un ratiocineur, je vous le dis : un ou une, c'est à votre choix). Ce petit document exposait le sujet du livre et donnait des renseignements sur la personnalité de l'auteur, sur son œuvre. S'il n'était pas toujours d'un ton des plus modeste, au moins le prière d'insérer restait entre gens de métier. Rien n'obligeait le journaliste – et à plus forte raison s'il s'agissait d'un critique – d'en recopier les éléments, rien ne l'en empêchait non plus : le public n'était pas témoin. Puis, à l'initiative de quelques éditeurs entreprenants, résolus à en découdre et à choisir le chemin le plus court, on a pris l'habitude de faire figurer le prière d'insérer sur le dos du livre. Avec l'idée qu'il serait ainsi accessible à tous et compenserait les manquements de la critique.

Beaucoup y ont perdu toute pudeur dans le dithyrambe et le panégyrique. Passe encore si l'éloge avait alors manifesté le point de vue de l'éditeur et engagé ainsi sa responsabilité de lecteur. Non, au lieu de cela, la quatrième de couverture est devenu un territoire d'analyse sans critique, réservé à des éloges parfois bouffons qui donneraient à penser que le talent et le génie se ramassent à la pelle. La pratique est donc aujourd'hui générale qui vaut aux livres, les meilleurs comme les moins bons, d'entrer dans la course, tels des cyclistes engagés dans un critérium, avec un dossard. Dans l'esprit de ces éditeurs-là, de leurs servants, de leurs suiveurs, de leurs dopeurs, le livre est définitivement devenu un produit de compétition et, dans leurs registres, il est d'abord et au mieux une étiquette avec mode d'emploi et code-barre.

Je m'inquiète moins de la trivialité de ces promoteurs que de la turbulence qu'ils ont déclenchée. Vous souvenez-vous de la théorie dite de « l'effet papillon », telle que l'avait énoncée le météorologue Edward N. Lorenz ? À l'en croire, le battement d'aile d'un papillon en Asie pouvait provoquer un ouragan en Floride. Une aile de papillon ? Mais alors à quoi faut-il s'attendre quand l'impulsion est donnée par ces gens qui gâchent sans vergogne ce qui fut l'un des plus beaux et des plus nobles métiers du monde…

Voyez à quoi tient aujourd'hui la chance qu'a un manuscrit d'être publié, un livre d'être traduit, ou une œuvre oubliée d'être reprise… À l'exception de quelques éditeurs qui déjà font figure d'ancêtres, pour la plupart cette chance tient moins au sens, à la valeur, à l'autorité ou à la nécessité inscrits dans les pages du livre qu'à sa capacité de franchir en peu, très peu de temps, un seuil de ventes dont l'évaluation n'a cessé de croître en fonction des « nécessités » commerciales et des exigences financières. D'ailleurs, dès qu'un auteur répond à de telles espérances, commence la valse boursière des à-valoir, ces acomptes qui peuvent atteindre des sommets rappelant les cachets mirobolants de certaines vedettes, et faire l'objet, à la foire de Francfort ou ailleurs, d'enchères et de surenchères. C'est aussi dans de telles circonstances qu'un éditeur avisé, qui avait découvert un auteur et l'avait fait connaître au prix d'efforts coûteux, peut se le faire ratiboiser par un confrère au portefeuille bien garni qui, calculs faits, signe un chèque au vu duquel la fidélité n'a plus beaucoup de sens.

Drôles de pompiers

Bref, Mademoiselle Esperluette, en vieil irréductible, je tiens que la pratique éditoriale, dans ses prétentions commerciales, n'aurait jamais dû viser plus haut que ses fesses. À le faire – et dieu sait qu'elle l'a fait – elle a déclenché des joutes mercantiles en comparaison desquelles les jalousies littéraires et les controverses des écoles ou des chapelles ne sont que roupie de sansonnet. Les défis ne sont plus de l'ordre du talent mais de celui des ventes. Et l'importance des auteurs se mesure désormais au nombre de zéros dans le chiffre de leurs tirages.

Ainsi en est-on venu à la conclusion que la conversion des éditeurs à l'économie de marché et la participation de groupes financiers à leurs entreprises avaient permis de donner à l'édition un nouvel essor. Les statistiques montrent en effet que, sous cette impulsion, la vente de livres avait progressé. Mais je vous le demande, des best-sellers comme les mémoires de Brigitte Bardot, le réquisitoire éploré de Nadine Trintignant ou les mémoires de Bill Clinton, qu'ont-ils à voir avec les œuvres auxquelles nous pensons quand nous parlons, vous et moi, de nos livres de chevet ?

Et d'ailleurs quand on regarde du côté des romans (puisque c'est d'eux que, pour l'essentiel, il est ici question) on observe à quelques exceptions près qu'ils ont désormais moins de lecteurs malgré les paris qui sont pris sur certains d'entre eux. C'est que, par un effet pervers, ces lecteurs s'éparpillent, se dispersent et se perdent entre les offres inégales et sans cesse multipliées qui leur sont faites. On ne peut même plus dire que les gros calibres permettent de compenser les pertes des livres pudiquement désignés comme « difficiles » ou « confidentiels ». Cette pratique caritative a presque complètement disparu avec la comptabilité analytique qui est régulièrement mise sous le nez des actionnaires comme, au temps de la Terreur, les listes de condamnables, d'avance condamnés, étaient déposées sur le bureau du tribunal révolutionnaire.

Moi aussi, j'ai fait un rêve

En ouvrant *Le Monde*, l'autre jour, j'ai appris que Frances Partridge venait de mourir, à l'âge de 103 ans. Écrivain et libraire, elle avait participé à la vie littéraire de son temps et elle était le dernier membre survivant de ce petit cercle d'intellectuels qu'on appela le « Bloomsbury Group » dont, par la lecture, j'ai fréquenté maints auteurs avec une gourmandise inquiète, à commencer par Virginia Woolf et Lytton Strachey, et dont souvent m'entretint Stephen Spender pendant que je traduisais ses *Journals*. Et si j'en parle ici, Mademoiselle Esperluette, c'est parce que la nuit suivante, j'ai fait un rêve. Le rêve comme parabole, je sais, c'est à la mode, mais j'ai tout de même fait un rêve.

Et, dans ce rêve, je voyais de véritables écrivains, véritables artisans de la plume comme ceux de Bloomsbury, se regrouper chez de véritables éditeurs de littérature qui s'attachaient à rameuter de véritables lecteurs avec le concours de véritables libraires qui ne voulaient plus en rayons, ni en vitrine, les livres criards et inutiles qui les encombrent. Et le mot « véritable » avait dans mon rêve le sens vieilli que lui donne le *Robert* : « Qui mérite l'assentiment ; qui présente un caractère de vérité. » Bref, et je prends le risque de la formulation, j'ai rêvé d'un joyeux apartheid, d'un monde où les marchands de papier imprimé feraient leurs affaires à leur gré, assouviraient leur avidité, se réjouiraient de leurs succès et s'arrangeraient de leurs cauchemars, tandis que, d'un autre côté, le nôtre, les amateurs de véritable littérature, éditeurs et libraires, avec les lecteurs pour supporters, se rassembleraient et, mettant la belle industrie à l'abri des mécanismes d'une distribution trop vorace et trop coûteuse pour eux, à l'abri aussi des financiers et des spéculateurs dont ils sont aujourd'hui les sujets quand il n'en deviennent pas les jouets ou la danseuse, concevraient une diffusion à leur mesure[32].

32 Dans le *New York Times* du 18 juillet 2004, un article est paru selon lequel le nombre de livres de fiction est devenu tel aux États-Unis qu'il en paraît un... toutes les demi-heures.

Revenu de ce rêve, je vous assure qu'il en reste autre chose qu'une élucubration onirique, il en reste une soudaine envie de prononcer des vœux, comme on dit dans les ordres, et d'en faire d'autres qui seraient capables, à l'exemple du battement d'aile du papillon, de provoquer dans le paysage éditorial l'orage qui nous délivrerait de l'oppression marchande. Vous cherchiez des signes qui vous feraient entrevoir ce que sera l'avenir du livre ? Eh bien, moi, Mademoiselle Esperluette, je vous offre des vœux. C'est tout ce que je peux encore faire, mais, je vous le dis, pas n'importe quels vœux....

Dans les couloirs de la Communauté européenne, on parle du « principe de subsidiarité », dans les milieux culturels français on est prêt à s'étriper au nom de « l'exception culturelle ». Dans l'un et l'autre cas, il est question de respecter et, autant que faire se peut, préserver des valeurs essentielles, en particulier quand celles-ci sont menacées d'écrasement par les mesures générales. C'est là, voyez-vous, que mon rêve s'aboute avec la réalité. Car le premier de mes vœux est, en effet, pour souhaiter que des écrivains indifférents aux modes, des éditeurs affichant dans leur raison sociale ce qu'ils sont : éditeurs *littéraires*, et des libraires reconstituant des lieux de rencontre, tous ensemble, renoncent à gonfler le cou, prennent conscience qu'ils représentent à peine vingt pour cent du « marché » éditorial, et constatent la nécessité, dès lors, d'une nette partition dans ce qui ne peut plus être un même monde sous peine de renouveler la fable du pot de terre contre le pot de fer.

Éveillé, je rêve encore, mon amie, je rêve que, nous fondant sur les principes de subsidiarité et d'exception culturelle, tous ensemble, avec le soutien de lecteurs, nous établissions une nouvelle et modeste république des lettres où l'on renoncerait à la servitude que la mondialisation, si perfide avec ses airs de n'être pas indifférente à la culture, impose à ceux que séduisent ses mirages. Pourquoi diable accepterions-nous plus longtemps d'être comparés, dans nos accomplissements éditoriaux, avec les exploits d'un quidam dont on me dit, avec un sourire en coin, qu'il a vendu ses livres de « psycho-pop » à quarante millions d'exemplaires ?

Et puis, pendant que je vous écrivais, Mademoiselle Esperluette, je l'ai appris avec tristesse, Edmond Charlot est mort qui, avec des écrivains comme Jean Grenier, Albert Camus, Max-Pol Fouchet, Jean Amrouche, avait mené depuis Alger une aventure éditoriale mise en lumière par les événements de la guerre et fort proche de celle dont je viens de vous confier le rêve ; mais aventure anéantie par les pièges financiers et qui s'est achevée par une petite activité de bouquinerie à Pézenas. Edmond Charlot laisse tout de même derrière lui une œuvre, car tout catalogue d'éditeur de la qualité du sien est une œuvre.

L'espoir ne s'éteint jamais complètement. Déjà aux États-Unis – l'un des pays où les séismes éditoriaux sont les plus nombreux qui, à la faveur des reprises et regroupements financiers, passent aux yeux des « entrepreneurs » pour des crises salutaires –, on voit le rôle croissant que jouent des éditeurs universitaires et des *small press*, ces maisons fondées dans la modestie et la conviction. Et dans un numéro du *Nouvel Observateur*, je lis ceci qu'a récemment déclaré l'éditeur américain André Schiffrin, comme s'il volait à mon secours : « Contrairement à ce qu'affirme la religion du marché, l'édition peut parfaitement vivre à un niveau artisanal. On oublie, dit-il encore, que les premiers livres de Brecht ou de Kafka ne se sont vendus qu'à 600 ou 700 exemplaires ! » Ne vous l'avais-je déjà dit en citant Léautaud ? Reste alors à rappeler la profession de foi de Stendhal dans *De l'amour* : « Je n'écris que pour cent lecteurs. »

Retour à nos moutons : la lecture

Mais pour que les rêves se réalisent, il faut que soient réunies certaines conditions. Et dans le cas présent, la première de ces conditions va sans doute vous donner l'impression que du ciel tombe à vos pieds, belle amie, un gros truisme lâché par un impertinent oiseau. À savoir que l'on ne peut défendre la lecture et le livre si l'on n'est soi-même… un lecteur.

Du temps que j'étais éditeur à plein temps, j'ai reçu nombre de jeunes gens qui désiraient entrer dans le monde de l'édition, à les entendre : un monde fascinant où ils voulaient faire carrière et où il leur fallait entrer, par impérieuse vocation, toutes affaires cessantes. Pour appuyer la candidature qu'ils me présentaient, ils alignaient des diplômes, quelques expériences vécues et, souvent, des éloges formulés par des gens de leur connaissance qui avaient quelque notoriété dans notre monde de l'édition et qui prétendaient leur avoir trouvé des dispositions. J'avais pour habitude de dire que je serais attentif à ces références mais que je voulais d'abord savoir quel livre le candidat qui s'exprimait avec tant de persuasion était en train de lire. Dans la plupart des cas, par la question inattendue, je provoquais un embarras visible. C'est que cette semaine-là, précisément cette semaine-là, il avait eu fort à faire, et que... Oui, très bien, je comprenais, mais que lisait-il la semaine d'avant ? « Attendez, avait-il l'air de dire, soucieux, en portant la main au front, attendez que je me souvienne... » Je découvrais ainsi, et lui faisais découvrir, qu'il ne lisait pas vraiment, ou si peu. Je lui suggérais donc d'exercer un métier qui correspondrait mieux aux intérêts qu'il avait dans la vie. Et pour ne pas le malmener en l'éconduisant, je m'abstenais de lui citer le mot qui est, je crois, de Duhamel et qui résumait pourtant toute ma recette : « Dis-moi ce que tu lis et je te dirai qui tu es. »

Voilà donc l'une de ces évidences dont Paulhan, paraît-il, se plaisait à souligner qu'il est dans leur nature de passer inaperçues... Oui, Mademoiselle, pour inviter les gens à lire, mieux vaut être soi-même lecteur, grand lecteur – un liseur, comme disait Mme de Sévigné –, et même un liseur heureux. Car, n'est pas bon lecteur le lecteur asservi, et j'en sais quelque chose...

Quand vous tombe sur les bras, comme je vous l'ai dit, une trentaine de manuscrits par jour, dont il vous faut tout de même lire quelques-uns désignés par des lecteurs-défricheurs engagés à cet effet, quand il importe que, des livres que vous avez choisi de publier, vous relisiez les épreuves – et d'abord, dans certains cas, les traductions –, quand, de surcroît, il vous faut lire ce qui paraît aux vitrines des librairies afin de savoir sur quel champ de bataille vous envoyez les auteurs que vous éditez, quand vous êtes requis, sous peine d'incivilité, de lire aussi les livres que des amis et des relations ont écrits et vous envoient, et si par obstination vous voulez tout de même lire ou relire des livres plus anciens qui vous sont ou vous paraissent essentiels, la quadrature du cercle est atteinte.

Des éditeurs mis dans cette situation, les uns se sont fait une philosophie, ils ont choisi de ne lire que ce qu'ils veulent, quand ils le peuvent, et comme Selma Lagerlöf ou Paul Valéry ils ne « coupent » pas toutes les pages. D'autres lisent par procuration et, à l'exemple de certains animateurs d'émisssions littéraires, se contentent des fiches qu'on leur prépare. Et puis il y a ceux qui lisent tant et si vite que leur regard s'émousse, leur curiosité s'éteint, et ce qu'ils lisent alors n'est plus ce qu'ils auraient lu dans des circonstances normales.

Si vous songez, belle Esperluette, qu'à cette contrainte, fille de pléthore, ne sont pas seulement soumis les éditeurs, mais aussi les critiques et les libraires, vous pouvez vous réjouir de la chance que vous avez d'être une lectrice indépendante. Vous n'êtes tributaire, vous, que de votre plaisir, de vos désirs. Aussi acceptez ce conseil : ne vous avisez pas de devenir une dévoratrice sans mesure. Le bon Jules Renard disait que chaque lecture « laisse une graine qui germe ». Accordez donc à ces graines le temps de germer, de fleurir. Bien lire n'est pas trop lire, c'est encore moins lire par force. Pour ma part, sur les manuscrits que je confiais à ces lecteurs-défricheurs auxquels je faisais allusion, j'ai souvent inscrit au crayon : « lecture jusqu'à... » Par l'habitude que je leur avais donnée, ils savaient que d'une note m'expliquant pour quels motifs ils avaient interrompu leur lecture je ferais plus de cas que d'un compte rendu hanté par le déplaisir d'avoir dû lire jusqu'à la lie un texte devenu haïssable.

Mais, d'évidence, un éditeur n'est pas toujours en situation de lire tout ce qui lui est proposé, en particulier quand le texte est écrit dans une langue qu'il ne connaît pas. Et c'est pourquoi je m'en vais vous raconter un voyage à Stockholm.

Dans l'avion, cette fois-là, j'avais pour voisine une de ces femmes qui sont reines à un âge où d'autres pensent déjà à leur fin de règne. Elle était belle et imposante comme je vous souhaite de l'être quand vous aurez son âge, elle était assise très droite, en cavalière, et elle lisait, sans jamais lever les yeux du livre qu'elle tenait bien ouvert devant elle. Il venait de sa lecture une sorte de contention d'esprit si perceptible que je n'ai pas résisté, j'ai incliné la tête et j'ai pu déchiffrer sur la couverture un titre suédois : *Juloratoriet*, qui signifie *Oratorio de Noël*. Ayant surpris mon manège, la lectrice que le hasard m'avait donnée pour voisine a tourné la tête et, dans un français qu'elle maîtrisait parfaitement, elle s'est mise à me parler de cet *Oratorio de Noël*, de Göran Tunström, un auteur dont elle m'apprit qu'il était encore peu connu en Suède, mais qu'il était sur le point de…

Ah, quel festival fut son plaidoyer ! Touché par les émotions de cette lectrice, confondu par sa maîtrise comparatiste, ébloui par tant d'intelligence et de sensibilité, il me parut impossible qu'un livre médiocre ou ordinaire eût suscité des commentaires si nuancés, si ravissants, si chaleureux et en même temps si rigoureux et si persuasifs. Tant et si bien qu'arrivé à Stockholm, avant même d'aller à l'hôtel, je courus à la maison d'édition qui publiait ce Göran Tunström, afin de réserver les droits d'un auteur sans avoir jamais rien lu de lui. Simplement sur la foi et le témoignage d'une passagère.

Göran Tunström s'est avéré l'un des écrivains les plus importants que nous ayons publiés, mes associés et moi. Et jusqu'à sa mort ses livres sont entrés l'un après l'autre dans notre catalogue. Ils en sont encore aujourd'hui l'un des fleurons.

Et les femmes dans tout ça ?

Dès les premières lignes de cette lettre, chère demoiselle, je vous avais promis d'y venir. La rencontre dans l'avion de Stockholm m'a rappelé à l'ordre. Ce matin, en reprenant ma lettre, je viens par conséquent à la question – et les femmes dans tout ça ? – sur le ton où il arrivait à Jacques Chancel, en ses inoubliables *Radioscopies*, de lancer à l'un de ses invités perdu dans ses pensées : « Et Dieu dans tout ça ? »

Les femmes dans tout ça ? Et Dieu ? À mes yeux, une question vaut bien l'autre. Mais si j'y viens, c'est avec, je vous l'avoue, l'incommodité qui résulte de mon refus de certaines prescriptions désignées comme « politiquement correctes ». Sachez donc que, toutes les fois où il est question de lecteurs et d'auteurs en mes propos, j'entends désigner par ces masculins les lectrices autant que les lecteurs, et les « écrivaines » autant que les écrivains, sans me sentir tenu, à l'inverse de tant de suiveurs, à l'usage introduit par De Gaulle avec ses « Françaises, Français », dont Arlette Laguiller a fait une version quasiment comique en martelant ses « Travailleuses, travailleurs » sur le xylophone électoral. Pourquoi, diable, oublier que le masculin n'est pas seulement un genre, qu'il est aussi le générique d'une espèce, et par cela vous appartient, mesdames, autant qu'à nous ? Après tout, Mademoiselle Esperluette, si je vous dis que vous êtes la plus merveilleuse des lectrices, le parfum n'est pas aussi fort, convenez-en, que si je vous sacre le plus merveilleux lecteur qui soit. Car, dans ce cas, vous frissonnerez peut-être de vous savoir merveilleuse entre tous, hommes et femmes confondus.

Dans ma pratique d'éditeur, soucieux du rôle et de la part des femmes, j'avais été très tôt attentif à la manière dont mes respectables confrères parisiens avaient l'art de sous-entendre ou de souligner discrètement le mérite d'être femme quand ils en publiaient une. Puis, voyant croître le nombre de femmes dans les catalogues de l'édition, je me suis dit que le moment ne tarderait pas où il conviendrait que nos Germanopratins, pour rétablir l'équilibre, s'attachent à souligner le mérite d'être... homme. « La petite troupe des femmes auteurs se faisant de plus en plus nombreuse, verrons-nous quelque jour s'instaurer l'élection d'une miss Littérature ? », demandait avec un peu de fiel José Corti en 1983[33]. On n'en est pas

33 José Corti, *Souvenirs désordonnés*, José Corti, 1983.

venu là, certes. Mais impressionnante est tout de même la part que les femmes ont prise en quelques décennies dans tous les genres littéraires : roman, poésie, essais, théâtre...

Rassurez-vous, dans cette lettre qu'avec un plaisir quotidien je vous écris, je ne vais pas me payer le ridicule d'une dissertation sur le féminisme, ni chercher vos faveurs par un cours d'histoire en vous rappelant par exemple que Julie Daublé fut en 1861 la première bachelière de France, que 36 ans plus tard la duchesse d'Uzès fut la première titulaire du permis de conduire, et en 1903 Marie Curie la première Française prix Nobel. D'ailleurs, qui fut la première lectrice, je n'en sais fichtre rien, et tout juste m'aventurerais-je à prédire que s'il fallait un jour désigner le dernier lecteur demeuré, livre ouvert, sur la passerelle d'une bibliothèque, comme le capitaine Edward J. Smith sur le pont du « Titanic », il y a fort à parier qu'il s'agira d'une lectrice.

Encore moins m'attarderai-je sur cette « Déclaration des Droits de l'Homme » pour laquelle je me suis un jour fait prendre à partie par une libraire de Montréal, une sacrée féministe qui m'accusait de félonie parce que je ne lui promettais pas sur-le-champ d'initier une pétition exigeant des autorités de mon pays que, dans le titre et dès le premier article de ladite Déclaration, il fût désormais reconnu que « *les femmes comme* les hommes naissent et demeurent libres et égaux en droits ».

Non, je voudrais simplement vous dire que, dans cette émergence des femmes écrivaines, auteures ou autoresses (s'il plaît à ma québécoise libraire d'ainsi les appeler), je vois avant tout une intéressante coïncidence avec l'augmentation du nombre des lectrices. Un même mouvement ascendant aurait donc porté les unes à écrire, les autres à lire... Mais c'est de la lecture qu'il est ici question, et je m'en vais vous préciser (car c'est assez lourd de conséquences pour l'avenir de la lecture), ce que je crois que Pascal Lainé voulait dire quand il assurait que les femmes sont « les *véritables* lectrices » (c'est moi qui souligne). Il voulait dire, me semble-t-il – et je tiens à le confirmer d'expérience –, que ce sont elles qui comptent aujourd'hui dans leurs rangs le plus grand nombre de lecteurs actifs. Entendez par là des lecteurs qui, non contents de découvrir des œuvres, de lire des livres, éprouvent le besoin d'y faire écho et ont plaisir à en parler.

Pour autant qu'en nos propos, comme je vous l'ai déjà rappelé, il soit essentiellement question de littérature, et essentiellement de littérature romanesque, l'impression m'est donc insidieusement venue que les hommes, eux, étaient peu à peu contaminés par l'idée, vieille de quelques siècles mais par je ne sais quelles voies revenue (sinon par celles de la société marchande dans laquelle la lecture est le fait des oisifs et des retraités), que le roman s'apparentait au tricot, à la tapisserie, comme la poésie à la broderie, et qu'il valait donc mieux ne pas s'en prévaloir. On n'est pas très loin d'un Mallarmé écrivant en 1874, avec une facétie calculée, dans son anonyme *Chronique de Paris*, que « seule une dame, dans son isolement de la Politique et des soins moroses, a le loisir nécessaire pour que s'en dégage, sa toilette achevée, un besoin de se parer aussi l'âme ». Qu'il se pare l'âme, cet « aboli bibelot d'inanité sonore »… Non, ce n'est pas le Mallarmé que nous aimons, et je vous laisse juge.

Mais dites-moi, Mademoiselle Esperluette, vous est-il arrivé déjà d'écouter les commentaires auxquels se livrent des excursionnistes postés à un point de vue d'où ils admirent un paysage ? Moi, j'ai souvent été frappé par ceci que les hommes alors dressent un catalogue, désignent ce qu'ils reconnaissent ou ce qu'ils peuvent nommer, tout en évitant de s'attarder à ce qui échappe à leurs connaissances ou à leur capacité interrogative. Comme Procuste, ils coupent ce qui dépasse, tandis que les femmes, elles, tentent d'exprimer des émotions sans catégories, cherchant à saisir dans sa totalité le spectacle qui leur est offert. Eh bien, ma chère, il m'a semblé qu'il en allait souvent de même dans les commentaires de lecture. Analyse, découpage et instruction d'un côté, absorption et restitution effusive de l'autre.

Or si l'on veut bien se rappeler que le sort de la lecture dépend, pour une part essentielle, de la capacité et du désir qu'ont les lecteurs de faire partager leurs découvertes, donc qu'il dépend de leur activisme et de leurs affects, on

34 Dossier du *Nouvel Observateur*, 17 juin 2004.

comprendra que le sort du livre et l'avenir de la lecture sont aujourd'hui, pour une grande part, tributaires de ces femmes qui, d'évidence, se montrent les plus « actives ». Comme si le partage de leurs intérêts culturels leur paraissait plus naturel et plus sérieux qu'il n'apparaît aux hommes. Et comme si, tout compte fait, la croyance des femmes en la nécessité et la pérennité de la lecture n'était pas embarrassée, réduite, entravée par la méfiance spéculative que manifestent tant de ces hommes à qui je glisserais volontiers cet aphorisme de Prévert : « Un garçon manqué, c'est une fille réussie. »

Au vu de quoi l'on peut penser que si les lectrices venaient à se mettre en grève ou à se retirer de l'arène, il ne resterait aux éditeurs qu'à fermer leurs portes et à prendre leur retraite. Mais pour autant que je sache, que je voie, ils ne sont pas prêts à le reconnaître. Un temps viendra-t-il cependant où, la lecture romanesque retrouvant crédit et importance à leurs yeux, les hommes reprendront la place qu'ils ont cédée et, sans la confisquer, la partageront avec les femmes ? L'optimisme n'est pas de rigueur dans une société où les symboles de la virilité et les codes de la féminité sont en pleine mutation, où les scientifiques appelés à la rescousse se demandent si ce n'est pas, en fin de compte, la faute au sperme dont la qualité serait en baisse[34]. Voyez, Mademoiselle Esperluette, à quelles élucubrations peut mener l'inquiétude que vous inspire l'avenir de la lecture…

Un accès de fièvre

Je vous laissais hier soir dans cette interrogation, et c'est dépourvu de réponse que je reviens à vous ce matin. Mais une fois encore, je vous le demande, comment voulez-vous que je vous dise ou prédise l'évolution de la lecture, et en particulier le devenir de cette vieille habitude, parfois si anachronique, que nous avons, vous et moi, de suspendre le temps pour n'être présents qu'au livre, à son contenu, et à la jouissance qu'il procure ? Comment voulez-vous que j'anticipe le déploiement ou le déclin de notre *jockey club*, de son confort et de son luxe, quand la planète vacille sur son axe ?

La seule conviction que je puisse vous apporter est là, Mademoiselle Esperluette : le futur de notre petit lectorat – si petit malgré les mirages que font entrevoir des best-sellers traversant le ciel éditorial comme des comètes dans une nuit d'été – dépend moins des mesures d'assistance que l'on pourrait prendre pour sa sauvegarde, ou des promotions éditoriales destinées à lui donner des vitamines, que du comportement de la société tout entière et de son évolution. Car pour prendre la mesure des illusions que nous nous faisons quand nous nous croyons au centre du monde, il faut aller au centre de nulle part, voir et entendre, en éthologistes de notre espèce animale, ce qui se joue, se proclame, se commet dans nos campagnes, nos villes, nos cités et nos faubourgs, dans les cuisines et dans les chambres des familles où s'est éteinte l'autorité parentale, dans les écoles où l'enseignement des maîtres est contesté sinon éreinté par les perspectives qu'ouvrent les écrans des téléviseurs, des consoles et des ordinateurs, dans les couloirs et les escaliers des immeubles où se font et se défont les clans et se rallument les guerres de religions, dans les travées des supermarchés où s'affiche avec un joyeux mépris la suprématie marchande, dans les sex-shops où l'on cherche l'inspiration et dans les caves à tournantes où l'on passe à l'action, dans les ruches boursières et dans les conseils de surveillance où les chiffres ont réduit les lettres au silence, et aussi, plus loin de nous mais tout de même si près, dans les officines des terroristes et dans les états-majors des justiciers proclamés, dans les lieux où l'on passe de l'interrogatoire musclé à la torture, dans les régions où l'on érige des murs qu'en d'autres temps on a dit « de la honte », et dans celles où « la misère chasse la pauvreté[35] ».

Ne vous voilez pas les yeux, chère amie, ne vous couvrez pas les oreilles, prenez-en de la graine… Malgré les silencieuses controverses qu'au plus profond de votre for intérieur entretiennent la volonté de savoir et la complaisance à subir, cette multiple tourmente, croyez-moi,

35 Majid Rahnema, *Quand la misère chasse la pauvreté*, Fayard/Actes Sud, 2003.

conditionnera – et conditionne déjà – la pratique de la lecture plus que les cierges que, dans nos différentes paroisses, nous pourrions allumer sur l'autel du livre. La lecture a toujours été le divertissement des privilégiés de notre espèce, le miel de l'érudit, le recours de quelques solitaires, et elle n'a connu de grandes passions collectives que chez ceux que la guerre ou l'oppression avaient jetés vers elle comme un ultime recours. En un mot comme en cent, la lecture, à l'image de l'écriture, ne peut être qu'une manifestation d'égotisme ou un acte de rébellion.

Il était vraiment temps, Mademoiselle Esperluette, que je vous le dise afin de me le dire clairement car j'ai comme vous tendance à m'y dérober… La lecture sera ce qu'elle est déjà : le privilège d'un petit nombre, et elle ne peut espérer de grandes conquêtes si elle reste cette élégante et agréable passion de gens cultivés dont le destin, malgré des douleurs et des deuils, n'est pas laminé par la misère.

Retour au calme

Par la promesse que je vous ai faite en commençant à vous écrire aux premiers jours de l'hiver, force m'est de revenir à notre monde à nous, un monde étroit qui n'a rien de méprisable pourvu que nous soyons conscients de sa petitesse relative. Mais, même là, je vois qu'une course aveugle et une compétition silencieuse sont engagées. Elles se disputent entre, d'une part, une société qui, intraitable dans ses accomplissements mercantiles et obsessionnelle dans ses performances, réduirait les écrivains à la célébration obligée, à l'obéissance volontaire, à la complicité sournoise ou au silence ; et, d'autre part, la capacité de ces écrivains à se reprendre, à s'insurger, à rattraper puis dépasser le cours des événements, et à trouver des éditeurs non asservis, capables de les lire, de les entendre, de les publier et de les faire connaître. Génuflecteurs ou prophètes ? *That is the question.*

Un nouveau Rabelais, un double de Hugo, un autre Cervantès peuvent soudain, avec les mots pour outils, briser les chicanes de la complaisance et ouvrir une brèche où se précipiteraient des écrivains libérés des consignes, des complicités et des préjugés d'époque comme, dans une moindre mesure, le furent ceux qui, voici quelques années déjà, se sont affranchis des ordonnances ecclésiastiques promulguées par des exégètes trop zélés du nouveau roman. Mais cette fois, ce n'est pas le destin du naturalisme qui est en cause : c'est le sort d'un monde malade auquel le roman pourrait offrir ses miroirs.

Et je m'empresse d'ajouter ce que vous aviez déjà pressenti par mes propos, à savoir qu'il n'est pas déraisonnable d'imaginer que, dans cet imprévisible *aggiornamento*, de nouvelles Aliénor d'Aquitaine (dont le nom me vient parce qu'au moment où je vous écris on célèbre le huitième centenaire de la mort de cette insoumise), de nouvelles Louise Labé, George Sand, George Eliot, Louise Michel, Colette et autres femmes, jouent des rôles premiers. Comme aussi cette Virginia Woolf, décidément incontournable, qui, dans son *Journal* en date du dimanche 3 décembre 1922 – Alberto Manguel me le rappelait ce matin – notait : « Heinemanns nous a fait une offre très flatteuse – aux termes de laquelle nous aurions à livrer nos cerveaux et notre sang, et eux à veiller aux ventes et aux comptes. Mais nous, nous flairons la combine. S'ils y gagnent, nous y perdons. »

UNE AFFAIRE DE MATERNITÉ ?

Bon, rassurez-vous, Mademoiselle Esperluette, je me calme à l'évocation de Sand, de Colette et des autres, et je reviens, même si c'est le souffle court, au point où, à l'évocation du désordre planétaire, j'étais monté sur mes grands chevaux.

Pendant que j'évoquais pour vous la présence de plus en plus visible des femmes dans les catalogues d'éditeurs

36 In Jérôme Duhamel, *La passion des livres*, Albin Michel 2003.

37 *Radioscopie*, France Inter, 4 avril 1980.

et le nombre de plus en plus grand de lectrices dans les rangs du lectorat, me revenait une métaphore qui fut souvent proposée, jadis, et qui paraît aujourd'hui négligée, peut-être dans la crainte du sentimentalisme au registre des idées. Cette métaphore voulait qu'un livre fût comparé à un enfant conçu, porté et mis au monde. « Quand on a quelque chose dans le ventre, disait Flaubert dans l'une de ses lettres, on ne meurt pas avant d'avoir accouché. » Et Simone Weil : « On écrit comme on accouche. » Ou encore Harold Pinter : « Cet accouchement au bout de mes doigts[36]. »

Et je m'interroge sur un possible détournement… Les hommes à qui, dans l'affrontement des sexes, on fait sempiternellement observer que seules les femmes ont pouvoir de donner naissance, auraient cherché par la voie métaphorique à démontrer leur capacité de donner naissance, eux, à des œuvres, à des livres. Et de là viendrait peut-être le déni que nombre d'entre eux opposent à la capacité créatrice des femmes. Une équation toute simple : « Vous faites les enfants, Mesdames, vous engendrez ; nous, nous faisons les livres, nous créons ».

Cela peut aller, hélas, jusqu'à la monstrueuse extrémité à laquelle se laissa conduire Albert Cohen – lui qui avait déjà déploré que les femmes fussent plus portées aux « babouineries » qu'à la création – quand, à Jacques Chancel lui opposant l'exemple de Marguerite Yourcenar (il revenait alors d'une visite à l'île des Monts Déserts), le vieil écrivain répondit : « Comment est-ce possible que cette femme-là, si laide, si grasse, puisse écrire[37] ! » Plus d'une lectrice, de rage et de dépit, renvoya, dit-on – qui à son libraire, qui à l'éditeur, qui à l'auteur lui-même –, son exemplaire de *Belle du Seigneur* après avoir entendu cette consternante réplique.

La reconnaissance de la capacité créatrice des femmes n'est pas du seul ressort des auteurs, de leur mentalité, de leurs caprices. Les lecteurs y ont une part, et elle n'est pas mince. Parce qu'ils reconnaissent ou sanctionnent, s'attachent ou se détachent, poussent ou freinent, ils amplifient les tendances ou les réduisent. Le lectorat, et vous, les lectrices en particulier, Mademoiselle Esperluette, vous êtes capables, en certaines circonstances, d'exercer des poussées considérables sur les événements et les rumeurs ou les opinions qui les portent. Vous ne devriez ni l'oublier ni vous en défendre. Je veux vous en donner pour exemple la singulière aventure que j'ai connue avec la découverte de Berberova.

38 Hubert Nyssen, *L'éditeur et son double*, 3 vol., Actes Sud, 1988, 1990, 1997.

39 Tous les livres de Nina Berberova ont été publiés, puis diffusés dans le monde entier, par Actes Sud, à partir de 1985.

Une certaine Nina

L'octogénaire Nina, qui avait alors de l'énergie à revendre et une mémoire stupéfiante, je l'ai rencontrée pour la première fois en mai 1985 au Café de la Mairie, place Saint-Sulpice à Paris. Cette histoire et ses conséquences, je les ai racontées en long et en large car ce fut l'événement le plus important de ma carrière d'éditeur[38]. Bien qu'elle eût passé vingt-cinq années en France avant de s'exiler aux États-Unis, Nina Berberova était autant dire inconnue. Ce 30 mai-là, assis en face d'elle, j'ai commencé à découvrir un incomparable témoin de son siècle, un écrivain dont l'œuvre était depuis vingt ans parachevée, entièrement écrite en russe, éditée par les presses confidentielles de l'immigration, et ignorée dans les autres langues.

Dans les semaines et les mois qui suivirent la rencontre, il fallut élaborer une stratégie éditoriale. Nina Berberova avait écrit une autobiographie : *C'est moi qui souligne*[39], quelques essais et une longue série de « petits » romans, petits par le nombre de pages mais puissants par leur résonance. La logique dans laquelle me poussaient les uns voulait que je commence par publier *C'est moi qui souligne*, manière de dire : découvrons la personnalité de cette femme, après quoi nous montrerons ses romans comme autant de fruits portés par l'arbre que révèle la biographie. La logique, oui, mais d'autres à qui je m'étais ouvert me soutenaient dans l'idée que mieux vaudrait piquer la curiosité des lecteurs, intéresser avant de convaincre, séduire comme je l'avais été moi-même en

40 Claude Miller, 1992.

41 Réputation, dès le départ, soutenue par quelques hommes avisés, tels Pierre Dumayet et Michel Polac.

découvrant le premier roman et premier texte de Nina : *L'accompagnatrice*. Bien me prit d'aller dans cette voie car ce récit, qui devait connaître d'innombrables traductions et même être porté à l'écran[40], fut un succès immédiat que je fis suivre par d'autres « petits » romans, en restant sourd aux objurgations de certains critiques – comme Mme Nicole Zand qui, dans *Le Monde*, n'hésitait pas à demander jusqu'à quand je m'obstinerais à publier Berberova « au compte-gouttes ».

Et si je vous raconte cette aventure, Mademoiselle Esperluette, c'est parce que le succès de cette Nina qui n'y croyait plus vint des lectrices qui avaient pris fait et cause pour ses romans, et leur firent en quelques années une telle réputation que le nom de Berberova apparut bientôt dans le très symbolique *Petit Larousse*[41]. Aussi, le jour où parut l'autobiographie qui coiffait comme un dôme l'édifice construit avec les « petits » romans, le prélat de la télévision littéraire, Bernard Pivot, qui m'avait auparavant opposé une fin de non-recevoir – « Trop courts, ces petits romans », m' avait-il dit – organisa un somptueux plateau pour un *Apostrophes* qu'il avait avec bonheur intitulé « La fête à Nina ».

Aujourd'hui, plus de dix ans après la mort de Berberova, alors que son œuvre continue de se répandre par le monde, je vois à des indices qui ne trompent pas quel rôle les lectrices comme vous ont joué et jouent encore dans ce « fabuleux destin ». Et c'est pour moi le signe que du lectorat, et du lectorat féminin en particulier, peuvent venir d'imprévisibles impulsions, capables de changer le cours fatal des choses et de tirer vers la pleine lumière ce qui était exilé dans l'ombre. En 1965, dans l'épilogue d'un petit film que je fis avec lui, Max-Pol Fouchet demandait d'une voix grave s'il était « déraisonnable de penser que les femmes sauveront le monde ». Le monde, cela reste à voir, me suis-je souvent répété, mais la lecture, oui, pourquoi pas…

Une affaire de temps

Cette nuit, Mademoiselle Esperluette, par le truchement d'un rêve (oui, encore un), vous me disiez que tout cela était fort joli, mais que je n'accordais pas assez de place au temps. Et vous ajoutiez : « Que faites-vous du temps si goulûment dévoré – et pas seulement par le train quotidien de la vie, par les enfants que je n'ai pas et par les vieux parents qui sont à ma charge, par les devoirs et les obligations, mais aussi, mais surtout par les multiples sollicitations dont chacun de nous est cible et victime ? »

Ce que je fais du temps ? Je vous le dis sans ménagement car là vous m'irritez un peu. Le temps ? Je vous laisse à sa merci, belle demoiselle. Et je le laisse, lui, à sa domination. S'il vous convient que le temps soit votre maître au point que vous ne trouviez plus celui de lire, je vous suggère d'aller aux informations. Vous apprendrez peut-être que l'on « délocalise » à tour de bras, et que services après-vente et autres services publics auxquels vous vous adressez vous font parfois passer, sans que vous vous en doutiez, par des opératrices installées en Inde ou dans quelque autre et lointaine contrée où la main-d'œuvre ne coûte pas cher. Vous serez ainsi amenée à vous dire que l'on a sans doute déjà mis au point une manière de confier la lecture des livres que vous n'avez pas le temps d'ouvrir à des demoiselles en sari ou à des étudiants démunis qui se chargeront de vous en rendre compte…

Pardonnez-moi l'impertinence, mais convenez qu'imaginer cette folie n'est pas si absurde qu'il y paraît. On y va, on y court, à ces pratiques ! Combien de livres, à peine entrouverts ou feuilletés, ne sont-ils pas commentés, discutés, célébrés à partir de la rumeur qui les entoure, du dithyrambe qui figure en quatrième de couverture, de la publicité qui leur est faite, d'une image qui leur est donnée ou d'une critique parue dans une publication branchée ? Combien de personnes, s'accommodant de ce qu'elles en ont entendu dire, parlent ainsi de livres qu'elles n'ont pas lus et ne liront sans doute jamais, et dont il leur arrive pourtant de disposer un exemplaire, bien en vue, sur la table du salon ? *Coffee table books*, disent les Anglo-Saxons. Un peu comme ceux qui disent avoir « fait » le Portugal ou le Mexique, l'Andalousie ou le Connemara et qui en ramènent plus de photos que de souvenirs. De là à cette élucubration – la lecture sous-traitée en Inde ou ailleurs –, le pas à franchir n'est finalement pas bien grand.

De toute manière, le temps, et en particulier le temps de lire, dites-vous bien qu'on ne le trouve pas, on ne le trouve jamais qui, tout à coup disponible, vous attendrait. Le temps, ça se prend ou ça se perd ! Si vous voulez en disposer, vous ne pouvez que le choper, le ravir, lui tailler les croupières. C'est un choix à faire dans les priorités que vous vous donnez et dans le comportement que vous avez décidé d'adopter. Oui, voilà bien une autre des conditions dont l'avenir de la lecture dépend : l'attitude à l'endroit du temps.

Mais réfléchissez tout de même… Le désir d'arrêter le temps n'a jamais trouvé à se réaliser que dans les œuvres. Un tableau, une symphonie, un poème ou un roman sont autant de cadres dans lesquels le temps se trouve soudainement emprisonné, immobilisé, naturalisé. Et avec lui, vous qui regardez, écoutez ou lisez. Ce qui revient à dire que ne pas lire, ce serait perdre deux fois votre temps : le temps de lire et le temps à lire.

Pour avoir organisé de nombreuses séances de lectures publiques, bonnes pages lues par de belles voix, l'occasion m'a été maintes fois fournie de constater que les premières réflexions auxquelles se livrent les auditeurs en s'égaillant ne sont pas seulement pour les découvertes ou redécouvertes qu'ils viennent de faire, ou pour le talent des acteurs-lecteurs auquel ils ont été sensibles pendant une heure, mais aussi, et parfois même en premier, pour la faculté et la manière et le plaisir qu'ils ont eus de « prendre le temps » en écoutant. Un peu comme s'ils découvraient soudain le sens de cette expression, et se rendaient compte qu'à ne pas prendre assez souvent le temps de lire parce qu'ils sont victimes d'autres empressements auxquels les invitent les sirènes de la société – comme l'imposture de la « lecture rapide » et autres piperies de cet ordre –, ils laissaient passer la chance de s'interrompre, de s'isoler et de profiter des petites éternités que l'on trouve dans les oasis de la durée.

« Mille ans sont comme un jour dans le ciel », peut-on lire dans le *Livre des Jubilés.* « Il y a tant de jours dans une minute », entend-on à l'inverse dans *Roméo et Juliette.* De quelle étoffe est-elle aujourd'hui faite, la sagesse des Écritures et celle de Shakespeare, Mademoiselle Esperluette ? Le monde, tel qu'il va, retrouvera-t-il cette philosophie du temps relatif, et la capacité de le déployer que montre aussi saint Augustin dans ses *Confessions* ? Ou y serons-nous confrontés par un événement soudain, un renversement brutal destiné à nous rappeler qu'au big-bang de l'origine pourrait correspondre, un jour ou l'autre, un big-bang final ? Songez-y, car la réponse à cette question n'est pas sans rapport avec l'avenir de la lecture.

En tout cas, à défaut d'une réponse sans équivoque, cet avenir, vous en trouverez une représentation symbolique dans le retour délirant vers les origines que propose la scène finale de *2001 : L'Odyssée de l'espace*[42]. Représentation autrement saisissante que les petits témoignages que je vous apporte dans cette épître capricieuse. Je vous la fais, sachez-le pourtant, avec l'arrière-pensée que, tant qu'à être naufragé, je souhaiterais l'être dans votre compagnie.

42 Stanley Kubrick, 1968.

Une affaire de langage

Maintenant que les amandiers sont en fleurs, qui nous donnent l'illusion que le printemps a dressé ses premières tentes dans le paysage de l'hiver, je vous inviterai, Mademoiselle Esperluette, à être attentive aux collisions qui adviennent entre les mots et les choses, et aux conséquences que ces télescopages peuvent avoir. « Ceci n'est pas une pipe », avait écrit Magritte sous l'une de ses toiles, et c'était, je vous l'ai dit, manière de montrer que la carte n'est pas plus le territoire que l'amandier fleuri n'est le printemps. Manière, à mon tour, de vous le dire : de même que vous m'aviez fait l'injuste reproche, hier,

43 André Leroi-Gourhan, *Le geste et la parole*, Albin Michel, 1964.

de n'avoir pas pris le temps en compte, je me suis fait reproche, ce matin, de n'avoir pas encore abordé la question du langage. Car – janotisme qu'il n'est pas inutile de rappeler – sans langage, pas de livres et donc pas de lecteurs. Les choses, en notre affaire, dépendent de la nature, de l'humeur et du comportement de ce fauve atypique : le langage, et de l'usage que nous en faisons.

Nous ne sommes pas là, vous devez le savoir, en possession d'un outil intangible dans un monde immuable, nous n'avons pas affaire à un langage de granit qui, au pire, serait infiltré de manière intermittente par une langue étrangère, tel le français par l'anglais, à la faveur de l'impérialisme économique, ou qui parfois serait barbouillé, comme peut l'être l'estomac, par des mots nouveaux, drôles ou pas drôles, savants ou coquins. Non, nous avons affaire, je le répète, à un fauve avec lequel nos relations dominant-dominé sont infiniment complexes.

On m'apprit jadis que le langage était apparu dans nos vies hominisées comme un prolongement du geste et de la mimique[43], et que, longtemps après, les signes graphiques avaient peu à peu donné naissance à l'écriture, laquelle devait pourvoir le langage de capacités inédites et d'un sens nouveau. Aussi, quand il m'arrive d'observer dans les livres certaines tentatives destinées, littéralement, à tordre le cou au langage, j'en viens à me dire – et à vous dire ici – que ces révoltes obscures et parfois violentes ont, avec leurs manifestations d'incomplétude et de mal-être, un petit air de régression. Comme si nous étions invités à revenir vers le geste et sa signification simpliste, primitive, brutale. Comme si, au registre de l'écriture, on retournait à des formes idéographiques, hiéroglyphiques ou oghamiques dont les représentations, ainsi qu'on le voit dans certains phylactères de bandes dessinées, font l'économie de la conceptualisation ou, plus simplement dit, de l'abstraction.

Et plus encore, je vous invite à vous interroger sur le rôle du langage dans la connaissance que la lecture vous donne du sens d'un livre, car ce que vous entendez est tout de même subordonné à la nature de vos intimes relations avec ce langage. Vous verrez alors jusqu'où peuvent aller les malentendus, l'équivoque et les méprises en vertu desquels beaucoup d'auteurs s'accordent à dire, avec raison, qu'il y a inévitablement, de ce qu'ils écrivent, autant de versions qu'ils ont de lecteurs.

On m'apprit aussi, vers la même époque, que le mot, inerte par nature, ne trouvait vie, mobilité et sens que par le rôle que lui assignait la phrase. Bref que sans la phrase le mot était sans désir. L'expérience me l'a confirmé en même temps qu'elle n'a cessé de déployer sous mes yeux la complexité de la chose. De telle sorte que, liant une observation à l'autre, je me suis convaincu que la soi-disant crise de la lecture avait peut-être autant – sinon plus – à voir avec les malentendus engendrés par la connaissance (ou la méconnaissance) et la possession (ou la dépossession) du langage qu'avec la concurrence suscitée par la prolifération des sources de loisir et la multiplication des techniques numériques. « Je suis prêt à affirmer, dit François Cheng dans *Le dialogue*[44], que c'est dans le langage que réside notre mystère. » Et moi, je veux par là vous suggérer que l'avenir de la lecture est sans aucun doute lié au sort que nous réserverons à la connaissance des langues et à la pratique du langage.

L'effroyable pidgin ou le rudimentaire bichlamar, qui, pour des associations et des sociétés diversement unilingues cherchant à communiquer entre elles, s'avèrent être le plus commun dénominateur ou, comme je l'ai lu quelque part, « la langue de l'exclusion minimale », cet anglais basique, ce *globish (*ou *global english)*, mutilé et balbutiant, mais de plus en plus utilisé parce que le plus commode et composé de quelques centaines de mots à peine, ces sabirs qui ont depuis longtemps franchi les frontières d'Extrême-Orient, des îles du Pacifique et des faubourgs où il sont nés, ce baragouin qui est l'instrument de fortune dont nous nous servons quand nous allons dans des pays dont nous ne connaissons pas la langue, et qui est devenu l'outil de tant de négociations, vers quel avenir langagier nous conduisent-ils et quelle emprise auront-ils sur la langue, la tenue et l'usage des livres, la lecture ?

44 François Cheng, *Le dialogue*, Desclée De Brouwer, Presses littéraires et artistiques de Shanghaï, 2002.

Dans le pessimisme qui, je le vois, suinte de mes propos comme d'une gargoulette, je ne vais pas, notez-le, sans entrevoir de petites lueurs d'espoir. Ainsi suis-je contamment ébaubi de constater que, des États-Unis où la langue parlée, chaque fois que j'y vais, me paraît avoir subi de nouvelles transformations, contractions, agressions qui m'obligent à une nouvelle accoutumance avant de me retrouver à l'aise, nous viennent des romans dont l'écriture, infiniment éloquente, manifeste des exigences exemplaires. À l'inverse, il m'arrive de me demander si des écrivains de chez nous qui se prétendent explorateurs de pointe – poètes hermétiques avec leurs refus à comparaître, éjaculateurs, provocateurs détruisant délibérément le plaisir de lire comme si la mode en était passée – ne sont pas suicidaires, eux qui cultivent l'impénétrable et paraissent n'avoir plus pressant souci que d'être incompréhensibles dans la seule ambition, peut-être, de se proclamer maudits et persécutés.

La question serait alors de savoir lequel – du langage apocopé, raccourci, souvent relayé, repris, légitimé par le numérique et ses avatars, ou d'une langue protégée, dans sa tessiture et dans ses multiples nuances –, attirera l'autre sur son terrain ou dans son obédience. Allons-nous vers un monde de représentations où la langue et le langage, parents pauvres, seront réduits à l'usage de béquilles, de déambulateurs et au « b.a.-ba » de la phonétique ?

Mais pire encore sont à mes yeux – et, je l'espère, aux vôtres –, la manière dont sont à présent rédigés certains rapports, dissertations, articles, mémoires ou thèses dont le style et l'orthographe me donnent des pressentiments funèbres. Aussi m'arrive-t-il de comparer le langage en son parler – ou la langue dans l'écriture – à un collier fleuri de type hawaïen dont, selon les circonstances, on se pare avec fierté ou se dépare avec mépris. Comme si, dans la vie et dans les livres, on hésitait à voir dans la langue un ornement ou un fardeau, un bienfait ou un méfait, une ressource ou un handicap.

Si ces pratiques continuent de s'infiltrer dans les livres, elles ne seront pas sans influence sur les lecteurs qu'elles pourront lasser, écarter et même perdre. Et un écrivain sans lecteurs, ma chère amie, est à sa manière un condamné confiné dans le couloir de la mort.

Tu n'as rien de mieux à faire ?

Il n'y a guère, un éditeur de littérature enregistrée me proposa de composer pour le nouvel an une « lettre sonore », quelque chose comme une « épître à l'aveugle inconnu ». Il entrait justement dans mes intentions, Mademoiselle Esperluette, de vous proposer, à un moment ou à un autre, une réflexion sur la tournure « sonore » que, par paresse et facilité, pourrait prendre la lecture dans l'avenir, et sur le retour paradoxal qui serait ainsi fait au temps où la lecture silencieuse était inexistante – jusqu'en l'an 383 de notre ère, dit Alberto Manguel en relatant, dans son *Histoire de la lecture*[45], une rencontre dont je vous conseille de ne pas négliger le récit. Je vous la livre donc, cette lettre, prenez-la comme un codicille à celle que je vous fais depuis des jours et des jours…

« Quand j'étais enfant, ai-je écrit puis dit au micro, ma grand-mère, pour me préparer à aimer les livres, m'en lut un grand nombre. Elle avait une très belle voix, ma grand-mère, et les mots dans sa bouche révélaient leur relief, dévoilaient leurs rondeurs, manifestaient leurs sonorités. "Écouter c'est lire", me disait-elle. C'est pourquoi plus tard, quand je me mis à lire moi-même, en même temps qu'ils défilaient sous mes yeux j'entendis les mots me chanter dans la tête. Avec la voix de ma grand-mère.

« Il y a soixante-dix ans de cela et, croyez-moi, ai-je ajouté, rien n'a changé. Je suis toujours persuadé que, dans la lecture à voix haute, pas un mot n'est perdu tandis que dans la lecture silencieuse, il n'est pas rare que l'œil se mette à courir, à patiner, à riper, et même à sauter des lignes. Et l'on ne retient alors que le côté superficiel des

45 Alberto Manguel, *Une histoire de la lecture*, Actes Sud, 1998

choses. Quel que soit le texte que je lise aujourd'hui, je m'attache donc à entendre la musique des mots car si je ne l'entends pas, cette musique, je sais que je suis en train de lire mal, très mal, et de perdre cette forme du langage qui ajoute du sens au sens des mots.»

Je passe la suite... Voilà donc, ai-je pensé quand la lettre fut enregistrée, un lieu où les techniques nouvelles ont du bon, qui offrent de vraies lectures à ceux que l'on s'imagine ne pas pouvoir lire.

« Oui mais, m'a tout de suite éjaculé dans l'oreille le *Doppelgänger* qui ne cesse de me contredire et de me tourmenter, c'est très joli ce souci que tu as de la lecture, mais te souviens-tu de la façon qu'avait parfois ta mère de t'apostropher, à l'époque même où ta grand-mère, elle, t'éveillait à de si belles histoires ? »

Il avait raison, ce bougre de *Doppelgänger* ! Quand elle me trouvait à glander, il arrivait à ma mère de me demander si, au lieu de rester là, à traîner ou à jouer, je n'avais rien à lire. Et si elle me trouvait à lire, elle me demandait si je n'avais rien de mieux à faire. C'est, je crois, toute l'ambiguïté du statut de la lecture que je retrouve avec ce souvenir.

Passé le temps de celles qui sont imposées par l'enseignement – de moins en moins imposées d'ailleurs –, la lecture ne peut plus être que la pratique que nous avons adoptée avec le dessein de nous meubler l'esprit, dans l'ambition d'enrichir nos connaissances et notre mémoire, dans le désir d'entretenir les jardins de l'affectif et de découvrir le théâtre de nos émotions.

Oui, mais en fin de compte, dans l'opinion commune, qu'est-ce que la lecture, Mademoiselle Esperluette ? Un plaisir ou une contrainte ? Une nécessité ou un pis-aller ? Une perte de temps ou un investissement ? Et si c'était tout ensemble ? En tout cas ma pauvre mère n'y voyait pas très clair, et je crois que la plupart des gens non plus ne s'y retrouveraient pas aisément si on les assiégeait avec de telles questions.

Lire en prison

Je fis à cet égard une curieuse expérience un jour où l'on m'avait invité à conduire une séance de lecture dans une maison d'arrêt de la région. Le fonctionnaire qui m'attendait et me conduisit dans la salle où la lecture devait avoir lieu me dit que j'aurais tort de me faire des illusions : j'allais certes trouver une salle bien remplie, mais par des gens qui s'étaient inscrits avec le seul désir de sortir un moment de leur cellule. Il n'avait pas tort et je le compris aux premiers mots échangés avec ces prisonniers qui me montrèrent sans tarder qu'ils me déniaient toute autorité. J'avais eu l'imprudence, pour nouer la conversation, de dire que la salle où nous nous trouvions dans cet établissement construit de neuf ressemblait à celles de l'université où il m'arrivait de diriger des séminaires. J'avais cru les flatter, c'était maladroit, je les avais provoqués. Aussitôt des voix gouailleuses m'avaient lancé que je n'étais par leur maître et qu'ils avaient passé l'âge d'apprendre à lire. « Dans ce cas, leur ai-je dit avec quelque inconfort (et en pensant à part moi que dans tout homme, fût-il un repris de justice, un enfant sommeille avec ses rêves), le plus simple est encore que je vous raconte une histoire. Et vous n'êtes pas obligés de l'écouter. »

M'étant ainsi moi-même mis au défi, me promenant parmi eux, mains dans les poches, j'entrepris, comme s'il s'agissait d'une aventure dont j'avais connu les protagonistes, de leur narrer le destin de Sonetchka, la petite héroïne que Nina Berberova avait mise en scène dans *L'accompagnatrice* que je venais de publier. Mais sur l'auteur je ne dis mot. Peu à peu, ces hommes, une trentaine, anges pasoliniens et roublards décrépits, et même ceux qui, s'étant assis près des fenêtres à barreaux, me tournaient le dos et fumaient – manière ostensible de me dire que je ne devais en aucune manière compter sur leur attention –, firent cercle autour du griot qui s'était aventuré parmi eux. Et quand, pour terminer, je dis avec lenteur, et comme si elle était de moi, cette phrase que je connaissais par cœur : « Est-ce vraiment la peine de se sentir blessée par sa propre mère parce qu'on vous a craché à la figure dès avant votre naissance ? », j'eus l'impression d'avoir touché un point sensible[46].

Après quelques instants de silence, l'un des plus âgés voulut savoir si je l'avais connue à la fin de sa vie, cette Sonetchka dont je leur avais conté l'histoire comme si elle était de mes intimes. Je répondis : « Oui, d'une certaine manière. » Un autre alors demanda si, cette histoire, je ne ferais pas bien de l'écrire, et à celui-là je répondis que c'était déjà fait. Quoi, je venais donc de leur raconter une histoire que j'aurais pu leur lire car je l'avais écrite ? Pas moi, leur révélai-je, mais une certaine Nina Berberova. Et je leur lâchai la vérité. Il y eut un petit tumulte : les uns me reprochaient de les avoir piégés et ils voulaient savoir pourquoi, les autres étaient encore dans l'émotion que leur avait donnée Sonetchka. Je tirai de ma poche un exemplaire de *L'accompagnatrice*, je le leur montrai, on me le prit des mains, l'un des gardiens qui nous surveillaient voulut intervenir. Je l'en dissuadai. Ce livre, les détenus pouvaient le garder et s'ils le voulaient, dis-je, je leur en ferais parvenir d'autres exemplaires, et même d'autres livres. Je n'y fus jamais autorisé par l'administration, et jamais je ne fus réinvité dans cette maison d'arrêt.

Je ne sais si d'un seul de ces hommes j'ai fait ce jour-là un lecteur, Mademoiselle Esperluette, mais je sais que j'ai pensé à ma grand-mère car c'était elle qui m'avait appris qu'en racontant ce qu'il y a dans les livres on peut donner envie de les lire. Plus tard, je me suis servi de ce souvenir pour aider dans leur tâche les représentants de la maison d'édition que j'avais fondée. Il y avait là, pensais-je, un moyen de fixer l'attention de libraires qui, l'année durant, sont confrontés à des nouveautés qui se succèdent sans trêve. Alors que le libraire s'attend au déballage des dispositions promotionnelles, expliquais-je, contez-lui en douce l'histoire d'un livre, vous courrez la chance que, dans sa mémoire, le souvenir s'accroche et que lui vienne, comme à mes prisonniers, l'envie d'en savoir plus, donc l'envie de lire le

46 Ce qu'Annie Leclerc devait me confirmer, des années plus tard, par un essai d'une grande lucidité : *L'enfant, le prisonnier*, Actes Sud (un endroit où aller), 2003.

livre. Or on n'a jamais vu libraire plus persuasif que celui qui recommande un livre qu'il a vraiment lu.

47 Hubert Nyssen, *Du texte au livre, les avatars du sens*, Nathan, 1993.

Des arguments, parlons-en…

Depuis le temps où, par l'évolution économique, le livre a été pris dans le tourbillon du marchandisage – et s'il n'est pas tombé, à peine né, dans les ténèbres du silence –, il ne se déplace plus sans être l'objet d'homélies qui emmêlent leurs traînes à loisir, le précèdent, l'accompagnent ou lui courent après, homélies ou apologies ou plaidoyers qui sont comme une prolongation du paratexte. C'est pourquoi m'est un jour venue l'envie d'exposer à quel point ces commentaires et afféteries pouvaient modifier le sens initial d'un livre, ce sens que l'auteur croit définitivement fixé au moment où il confie son « texte nu » à l'éditeur chargé de le formater et de l'accastiller. Vous connaissez le jeu dit du téléphone arabe. Circulant de bouche à oreille, une information peu à peu se transforme jusqu'à parfois subvertir sinon démentir son sens initial. Sans aller jusque-là, c'est un peu ce qui se passe avec le manuscrit dans son cheminement vers le livre. Et ce que vous lisez est parfois fort loin de ce que l'auteur croyait avoir écrit. Il en est donc résulté un livre[47] qui, si j'en juge par des commentaires qu'il a reçus, a subi le même sort que ceux dont il exposait la condition.

Mais ce que j'ai envie, ce soir, de mettre sous votre joli nez de lectrice, pour que vous compreniez que là aussi se joue l'avenir mosaïque de la lecture, Mademoiselle Esperluette, c'est que, si indépendante que vous vous montriez, vous n'êtes pas à l'abri du harcèlement médiatique, de ses caprices, de ses manipulations, bref de ce « massage » au sens où l'entendait McLuhan. Imaginez un instant que vous ayez été, dans les années vingt, où vous n'étiez pas née, l'une des premières lectrices du sulfureux *Diable au corps* de Radiguet pour lequel Bernard Grasset avait fait une publicité tapageuse en insistant sur la jeunesse de l'auteur… Pensez-vous un seul instant que votre lecture et votre jugement n'auraient pas été conditionnés par la curiosité pour l'exploit d'un génie précoce défiant la morale et par le parfum de scandale qui en montait ? Et que si, tout au contraire, on vous avait présenté l'auteur comme un roquentin, vous n'auriez pas fait une lecture différente ? C'est à dessein que j'ai proposé un exemple lointain. Avec la distance, l'image est plus nette. Mais dites-vous qu'à tout instant on vous invite à voir quelque plat pays comme s'il était en altitude et à prendre pour une tragédie shakespearienne un triste mélo de boulevard.

Maintenant que vous voilà avertie, relisez donc quelques-unes des quatrièmes de couverture des livres que vous avez dans votre bibliothèque. Ouvrez les yeux, vous verrez comment on a tenté de vous disposer à lire ces livres et à en parler ensuite. Et vous le constaterez : il y a peu de propositions innocentes dans ce monde qui a perdu les repères qui séparaient le savoir-faire du savoir-vendre.

La quatrième de couverture fait donc partie du discours éditorial, et elle est complétée par les argumentaires, catalogues, brochures, notices, etc. que produit l'éditeur. Mais vous, que l'on veut atteindre et convaincre, Mademoiselle Esperluette, vous êtes aussi la cible des articles, reportages et critiques qui paraissent dans les journaux et les magazines que vous consultez. Il fallait donc que, tôt ou tard, je vous parle un peu de la critique…

Les mains dans la farine

Deux écrivains de renom que j'ai longuement fréquentés m'ont entretenu de la critique à plusieurs reprises, voici des années. L'un, Albert Cohen, n'en faisait pas et se gardait d'en faire. « Les critiques ? Ce sont les poux du génie », m'avait-il dit un jour, à propos de « l'année Beethoven », celle du bicentenaire, au cours de laquelle d'incessants concerts, récitals et intégrales, qu'il écoutait à la radio, étaient, pour son grand déplaisir, commentés d'abondance. Vers la fin de sa vie, porté par le succès que lui avait valu la reconnaissance tardive de son œuvre et hanté par sa fin prochaine, Cohen avait ouvert aux journalistes les portes qu'il leur avait longtemps fermées au nez. C'est dans cette dernière période qu'il avait proféré à l'endroit de Marguerite Yourcenar la désastreuse raillerie que je vous ai rapportée. Je compris ainsi que l'on peut être un bon écrivain et faire un détestable critique.

L'autre, Max-Pol Fouchet, était l'un des critiques les plus écoutés de son temps. Ses articles dans la presse, ses interventions à la radio et à la télévision, notamment dans l'émission « Lectures pour tous », lui avaient acquis une très solide réputation, et aujourd'hui encore on ne prononce pas son nom sans susciter le respect. Des commentaires qu'il me faisait alors, j'ai retenu deux universaux. « D'abord, me disait-il, la critique est une aventure dans l'aventure du livre. » Il manifestait par là que l'on ne pouvait, sans avoir un tempérament de créateur, comprendre et commenter la création des autres, assertion reprise dans *Les appels*[48] : « On ne découvre pas, on est découvert par ce que l'on croit découvrir. »

La seconde leçon apprise de lui, c'est que pour se risquer à commenter un livre, à en faire connaître le sens et à proclamer sa valeur, il fallait l'avoir lu trois fois, la première pour en prendre connaissance, la deuxième pour l'analyser sans être distrait par la découverte d'un sujet désormais connu, et la troisième pour confronter l'œuvre revisitée aux commentaires que l'on s'apprêtait à en faire. Or figurez-vous, Mademoiselle Esperluette, que dans un roman, *Les rois borgnes*[49], je mis jadis en scène un personnage, Claude Galien, qui s'inspirait de Fouchet et lisait trois fois les livres avant d'en parler à la télévision. Plusieurs critiques ont aussitôt réagi avec vivacité. Lire trois fois chaque livre ? Mais où iraient-ils, eux, à ce train ? Ils me taxèrent d'hyperbolisme, comme si je les avais accusés implicitement de mal lire en ne lisant qu'une fois.

48 Max-Pol Fouchet, *Les appels*, Mercure de France, 1967.

49 Hubert Nyssen, *Les rois borgnes*, Grasset, 1985.

50 *Dictionnaire des écrivains contemporains de langue française par eux-mêmes*, Mille et une nuits/Fayard, 2004.

Je me suis souvent demandé pourquoi tant de critiques choisissaient de nous entretenir des livres comme s'ils faisaient de l'équitation démonstrative, comme s'il s'agissait pour eux d'afficher leur maîtrise, comme si le livre était une monture qui leur permît de manifester leur aptitude à la reprise et leur habileté au dressage. Sans doute la mélancolie et l'incomplétude que certains, parmi eux, ressentent pour n'avoir pas eu de destin littéraire personnel peuvent-elles donner à ce comportement un début d'explication. Mais, Dieu merci, ils ne sont pas tous de la même étoffe, et parfois on se prend même à penser qu'un éditeur eût été mieux avisé de publier le critique que l'auteur.

Je me souviens tout à coup d'une dame qui écrivait à son amant qu'elle eût aimé qu'il l'embrassât « pendant qu'elle avait les mains dans la farine ». C'est là que, pour ma part, je reconnais les critiques qui me bottent, ceux par qui les livres sont réellement portés : ce sont ceux que j'ai l'impression, quand je les lis, de ne surprendre ni dans leurs tours de manège ni dans la quête de leur propre célébration, mais « les mains dans la farine ».

Or s'il arrive que des critiques, dans la nostalgie de n'être pas des auteurs à part entière, se servent des livres pour faire reluire leur ego, s'ils utilisent leurs rubriques pour parler d'eux-mêmes et pour se créer une clientèle, les écrivains, eux, qui ne sont pas toujours les anges de la modestie que des Samuel Beckett ou des Julien Gracq ont si discrètement incarnés, ne sont pas non plus en reste quand on les invite à porter jugement sur eux-mêmes.

Jérôme Garcin en a fait la démonstration en proposant à 350 d'entre eux d'écrire leur propre nécrologie, qu'il a rassemblées dans une sorte de dictionnaire[50]. La place était mesurée, mais combien d'invités, sans en tenir compte, ont pondu sur leur précieuse personne une célébration (parfois impudique), certes avec le talent d'écriture qui est le leur, mais souvent sur un ton qu'ils auraient brocardé (et sans doute l'ont-ils fait) s'ils l'avaient trouvé dans un article consacré à l'un de leurs confrères.

Le paradoxe est que l'un des écrivains les plus connus, un ou plutôt *une* qui a été consacrée par les plus gros tirages et les meilleurs ventes, Françoise Sagan, a écrit pour ce dictionnaire la plus brève et la plus malicieuse des contributions. On peut lire, en effet, dans cette notule : « Sa disparition, après une vie et une œuvre également agréables et bâclées, ne fut un scandale que pour elle-même. » Je ne vois guère que Flaubert qui, mandé, aurait fait plus court avec le fameux « Il voyagea » de son *Éducation sentimentale.*

UN MOT SUR L'ABSOLU

Vous le savez, je vous l'ai dit, Mademoiselle Esperluette, il m'est arrivé de croiser de petits imbéciles qui se vantaient de ne rien lire, et surtout pas pendant qu'ils écrivaient, afin de n'être pas influencés dans leur inspiration ou parce qu'ils se posaient en représentants d'une nouvelle époque sans compassion pour les précédentes. À l'opposé, parmi les écrivains, les vrais ou ceux qu'avec une tranquille présomption je tiens pour tels, j'ai maintes fois trouvé des lecteurs exemplaires. De ceux qui, dans la lecture des autres comme dans leurs propres livres, me donnaient l'impression d'être partis à la conquête de la baleine blanche. Quête ou conquête que Giono rapporte en ces termes dans la préface à sa traduction de *Moby Dick* : « L'homme a toujours le désir de quelque monstrueux objet. Et sa vie n'a de valeur que s'il la soumet entièrement à cette poursuite. Souvent il n'a besoin ni d'apparat ni d'appareil ; il semble être sagement enfermé dans le travail de son jardin, mais depuis longtemps il a intérieurement appareillé pour la dangereuse croisière de ses rêves[51]. »

Et voilà peut-être, mentionnée dans un méandre de cette lettre, une chose des plus importantes pour la survivance de la lecture autant que pour l'avenir de l'écriture :

51. Jean Giono, *Pour saluer Melville*, Gallimard, 1941.

l'ambition métaphysique. Ne vous effrayez ni du mot ni de l'expression, Mademoiselle, et ne soyez pas surprise que je l'associe aux rêves dont parle Giono. Il ne s'agit après tout que de faire ainsi référence à cette recherche de l'absolu qui nous hante même quand nous ne la percevons pas.

L'écrivain et le lecteur souvent en viennent à rôder aux confins du langage avec le pressentiment qu'il existe, au-delà de la frontière tracée par les mots, des espaces encore peuplés de sens. C'est un sentiment que connaissent ceux qui fréquentent la musique car, même s'ils la savent impuissante à leur apporter des réflexions ou des représentations qu'ils trouvent dans les textes, ils la sentent capable de manifester ce que les mots, eux, sont impuissants à leur dire : ce qu'ils pourraient être et que jamais ils ne seront.

Aujourd'hui, voyez-vous, quand je surprends un enfant ou un adulte absorbé dans la lecture d'une bande dessinée ou d'une brochure à quatre sous, je me dis que, même là, confusément ou clairement, avec l'adresse ou la maladresse de son âge ou de sa formation, il cherche ce qu'il chercherait d'une autre manière s'il était en train de lire Montaigne ou Stendhal, il se cherche en cherchant à s'identifier au héros et à ses aventures. C'est pourquoi, aux tentatives de poncer, de lisser, de banaliser ces émois, et donc ces lectures, il faudrait opposer une forme de noble propagande – mais ce ne serait plus de la propagande –, celle qui proposerait de voir dans chaque livre, quel qu'il soit, une invitation à découvrir les interrogations qui stagnent dans les brumes.

Il y a là quelque chose qui est comme le contraire de la résignation, une volonté de peupler le monde (réel ou imaginaire) de points d'interrogation, d'en faire une pépinière, en lieu et place des points d'exclamation constituant cette palissade avec laquelle on tente aujourd'hui de nous enfermer dans un monde en voie de sinistre formatage.

De la nécessité philosophique

J'en viens ainsi, Mademoiselle Esperluette, à vous faire part d'une conviction profonde, à savoir que l'avenir de la lecture – et j'entends un avenir où chaque livre lu nous apporterait son lot de révélations et d'interrogations qui feraient qu'en tournant la dernière page nous ne serions plus pareils à ce que nous étions en y entrant, ni dans les mêmes certitudes – dépend du sort que notre société et son enseignement en particulier réserveront à la philosophie dont la place, par les temps que nous traversons, est si dévaluée, quand elle n'est pas usurpée par les charlatans dont je vous ai parlé. Car la philosophie, à laquelle je crois comme je crois à la bonne cuisine, transforme la lecture en art de vivre.

Et à quoi donc servirait-elle, la lecture, si elle ne nous aidait à comprendre que chaque livre est un passage étroit entre deux « ailleurs » : celui d'où nous venons avec souvent si peu de mémoire et celui vers lequel nous allons en aveugles ? À quoi donc servirait la lecture si elle ne devait nous mettre en garde contre la fascination sécuritaire, l'illusion prométhéenne et la chimère de l'inventivité permanente ? À quoi donc servirait la lecture si elle ne nous réconciliait avec l'historicité, avec l'idée que l'histoire est riche d'enseignements et que notre destin collectif fait plus souvent des boucles qu'il ne se déroule dans un droit fil ? À quoi servirait-elle si nous n'y apprenions pas à repérer l'ambition et à dénoncer le mépris ?

« Que puis-je savoir ? Que dois-je faire ? Que m'est-il permis d'espérer ? Qu'est-ce que l'homme ? », demandait Kant. Si vous n'y êtes pas préparée, si vous n'en avez pas le goût, il n'est pas indispensable que vous vous plongiez dans la lecture de ses célèbres prolégomènes. Ces questions-là – qui vous sont tout de même immanentes –, la lecture de livres moins savants vous y conduit pourvu qu'avant de les ouvrir, vous n'ayez pas fermé à double tour les portes de votre entendement. S'ouvrir à la philosophie, c'est en quelque sorte pratiquer un art floral qui exige d'être attentif au déploiement des questions comme

52 Montaigne, *Essais*, I. XXVI.

à celui des pétales chez les belles de jour et chez les belles de nuit. S'ouvrir à la philosophie, c'est se souvenir de Montaigne disant d'elle, avec sa verve merveilleuse : « Qui me l'a masquée de ce faux visage, pâle et hideux ? Il n'est rien plus gai, plus gaillard, plus enjoué, et à peu que je ne dise folâtre[52] ». S'ouvrir à la philosophie, c'est constater que toute page d'un livre est motif d'en faire et, bien entendu, c'est s'en servir pour que les livres deviennent les instruments de notre pensée.

QUINZE JOURS ENTRE VOUS ET MOI…

Il y a certes beaucoup plus de quinze jours que je me suis mis à vous écrire cette lettre, Mademoiselle Esperluette, mais ce matin, en ouvrant mon agenda Gallimard qui est truffé de citations, j'ai eu mon attention attirée par celle-ci qui est de Stendhal dans *Lucien Leuwen* et que j'avais oubliée : « Lucien s'attacha à la marquise, et, au bout de quinze jours, elle lui sembla jolie. » Bon, ce n'est pas parce que je vous entretenais hier de la philosophie que je vous composerai là-dessus un capriccio philosophique, ni que je reprendrai les formules recommandées à Monsieur Jourdain par le maître de philosophie dans *Le bourgeois gentilhomme* : « Me font vos beaux yeux mourir, Belle Marquise, d'amour. » De toute manière, je vous crois belle parce que je sais d'expérience combien la lecture peut rendre belles les lectrices.

Je me souviens d'une, du Québec qui, un soir, pour me remercier d'un livre qu'elle venait de découvrir, se précipita vers moi et, dans cette langue de la « Belle Province » qui est parfois si savoureuse, me dit : « Ah, Monsieur, en vous lisant j'ai joui. » Je n'en demandais pas tant. Et vous, Mademoiselle Esperluette, pardonnez-moi cet écart. Je crois qu'il m'est venu sous la plume comme souvent il s'en manifeste, pour marquer le plaisir, quand on s'aperçoit qu'un texte se rapproche de l'épilogue. De toute manière, je n'aurais pu me priver d'un nouveau détour par l'affect du désir pour une raison que je vais tenter de vous dire.

L'essence du désir n'est-elle pas marquée par l'incomplétude et l'espérance d'y remédier ? Par le manque que désignait Platon mais aussi par l'émergence d'une sorte de volonté de le combler ? Désirer, c'est à la fois prendre conscience d'une absence et tendre vers sa résolution, c'est percevoir et agir. Or la lecture n'a pas d'autre vrai mobile que celui-là. Elle n'est justifiable que dans la mesure où elle répond à cet appétit de vivre, d'éprouver, de ressentir, de connaître, bref dans la mesure où elle répond au désir par le plaisir.

Alors, quand tant de signes aujourd'hui me paraissent désigner une extinction du désir par l'inévitable aversion que donnent la satiété et la réplétion – signes au premier rang desquels je vois la boulimie consommatrice, l'avidité possessive et l'hyperphagie qui a transformé l'érotisme en triste industrie de la pornographie –, je suis enclin à me dire que le livre va y passer avec le reste et que tôt ou tard les lectrices de votre genre n'existeront plus que sur une improbable carte de Tendre. Ce qui revient à dire que si vous vous mettiez en tête de constituer une LPL (Ligue de Protection de la Lecture), vous feriez bien, comme je vous le disais au début, de vous intéresser d'abord aux moyens de cultiver le désir et de le préserver de l'extinction dans une société bernée par les charlatans qui promettaient de le combler. Et l'ont, en effet, comblé… au premier sens du mot.

Nommer le monde

Pourtant, dans un petit livre qu'il m'a dédié comme s'il avait pressenti que je vous écrirais un jour cette lettre, Alberto Manguel dit avec netteté : « Je suis convaincu que nous continuerons à lire aussi longtemps que nous persisterons à nommer le monde qui nous entoure[53]. » Comme si, à défaut d'être le premier de nos désirs, la volonté de nommer le monde était le premier de nos besoins.

53 Alberto Manguel, *La bibliothèque de Robinson*, Leméac (L'écritoire), 2000.

C'est là une jolie tournure qui nous invite à rassembler en une seule toutes les raisons que nous avons de lire. Mais, s'il a fichtrement raison, l'auteur de *La bibliothèque de Robinson*, encore faut-il s'entendre sur le sens du mot. Nommer ? Nous avons aujourd'hui la mémoire aussi envahie par des appellations et des marques que peut l'être celle d'un médecin par la liste des spécialités, sans cesse accrue et modifiée, de la pharmacopée. À cette différence près que le médecin, non content de connaître l'usage de chacune, sait en général avec quelle prudence il faut accorder les symptômes observés aux vertus supposées de la drogue. Il importe donc d'éclairer l'assertion de Manguel par une précision d'importance que toute son œuvre d'ailleurs montre et illustre, à savoir que « nommer le monde », c'est une véritable mission : celle des écrivains. Pour nous, leurs lecteurs, ils nomment le monde en ses états les plus divers afin de nous permettre d'en comprendre la nature et la substance. Tous ensemble, du moins dans les congrégations que nous avons constituées par nos lectures, ils nous enseignent cette grammaire particulière à bâtons rompus et page par page. Et la richesse de notre connaissance est ainsi liée à la complexe diversité qu'ils nous font voir.

Dans un brouhaha où s'entremêlent les voix et les styles, où les natures mortes chères au nouveau roman croisent sur notre scène mentale les orages de Chateaubriand, le désespoir d'Anna Karénine, les frasques de Gargantua, la folie de Don Quichotte, les mystères de Pauline de Théus, les caprices d'Odette de Crécy ou l'intimité servile d'une certaine O., dans un champ de foire où la déferlante des images et l'exhibitionnisme nominal le disputent au chambard de la technoparade, les écrivains, outrepassant « l'impudence d'énoncer » de Hegel, nous apprennent à « nommer » à notre tour les émotions les plus discrètes comme les tornades les plus tapageuses, et à découvrir les sens multiples sous le sens immédiat.

Éternel recommencement, à l'âge adulte, de nos premiers émerveillements quand, enfants, souvenez-vous,

Mademoiselle Esperluette, nous apprenions à désigner les choses par leur nom avec l'impression que nous accédions ainsi à la propriété et au pouvoir. Et le dernier mot revient donc à G. K. Chesterton : « La littérature est un luxe ; la fiction, une nécessité[54]. »

54 G. K. Chesterton, *Le paradoxe ambulant*, Actes Sud (Le cabinet de lecture), 2004.

55 Le droit de toréer dans les courses avec les matadors.

Vers la fin on titube toujours un peu...

Ce matin qui est un lundi de Pâques tout éclaboussé de soleil, mais avec quelque fraîcheur, comme pour rappeler que la douceur du temps n'est pas encore irréversible, je suis allé voir une corrida équestre, au cours de laquelle, par deux fois, une jeune Julie qui, d'un maître adulé par les foules, recevait l'alternative[55] a fait démonstration de virtuosité, de maîtrise et de courage en même temps que les trois chevaux, par elle montés successivement, lui apportaient le concours de leur obéissance, de leur complicité, de leur habileté à se dérober aux charges du taureau, et de leur malice à y ajouter quelques grâces de jambes. Et sitôt rentré, je suis retourné à Lorca, Montherlant et naturellement au patron, Ernest Hemingway. J'ai pioché dans leurs livres, ce qui est à mon sens l'une des jouissances majeures de la lecture, une qui me fait dire que si par sottise et extravagance les hommes (jamais une femme ne sera capable d'une telle folie) cessaient d'écrire et de faire paraître des livres ou en interdisaient le commerce, il en resterait toujours assez, dans les greniers et les caves où nous aurions enfouis les nôtres, pour meubler tous les jours de plusieurs très longues vies.

Faites excuse, Mademoiselle, vers la fin on titube toujours un peu...

Aujourd'hui, tant d'écrans et d'obstacles nous empêchent pourtant d'accéder à ce commerce essentiel que désignait Manguel – nommer et apprendre à nommer – que soudain me reviennent en mémoire les mots avec lesquels commence l'un de mes livres de chevet, *L'homme sans qualités* : « D'où, chose remarquable, rien

56 Robert Musil, *L'homme sans qualités*, Le Seuil, 1957.

57. Jean Guéhenno, *Carnets du vieil écrivain*, Grasset, 1971

58. Cesare Pavese, *Métier de vivre*, Gallimard, 1958.

ne s'ensuit[56]. » Curieux incipit dont la mélancolie me convient. Car, j'en ai bien conscience, les pistes que je pourrais encore vous indiquer, les autres raisons que je pourrais vous donner pour que vous entreteniez ce précieux goût de la lecture qui, si invisible que vous soyez, vous fait tellement présente à mes yeux, et toutes les précautions que je pourrais vous suggérer de prendre, me paraissent bien vulnérables quand je considère cette espèce de raz-de-marée mercantile qui, nous submergeant avec ce que nous n'avons pas demandé, nous empêche d'accéder à ce que nous souhaitions mais que nous ne distinguons plus très clairement dans la confusion de nos désirs.

Oui, on peut donc dire ça... Rien ne devrait suivre car « rien ne s'ensuit. » Vous savez, ma seule certitude, au terme de cette lettre, c'est que, aussi longtemps qu'il y aura dans ce monde de parvenus, comme disait Guéhenno[57], des lectrices de votre étoffe, il y aura des écrivains qui, sans vous connaître, écriront pour vous. Il est d'ailleurs là le miracle, dans le fait que l'approbation d'un seul lecteur peut justifier un écrivain, qui ne le connaît pas, d'avoir écrit son livre.

Pour le reste, sachant que si l'on veut vraiment lire on peut lire, on peut lire au lit, dans le train, en avion, lire sur la plage ou dans les antichambres, sur le ventre et sur le dos, et persuadé que, malgré le boulot, les obligations, la famille, malgré le cinéma, la radio, la télévision et les disques, on peut toujours prendre le temps de lire, voyant aussi que, sur cette fichue planète qui fonce en tournoyant vers je ne sais quel trou noir, les mauvais coups pleuvent, le mépris ricane et qu'il y a toujours des bénévoles pour donner aux affamés la brioche de Marie-Antoinette, je n'ai pas beaucoup de considération pour ceux qui se plaignent qu'on ne fasse pas pour les livres ce qu'ils pourraient commencer par faire eux-mêmes après avoir réglé son compte à leur paresse et pris la résolution de mettre un terme à leur ignorance : les lire, y chercher leur plaisir et le faire partager. Leurs jérémiades me laissent indifférent et je me range à ce que, sans ambages, disait Pavese : « Les malheurs ne suffisent pas pour faire d'un con une personne intelligente[58]. »

Sans doute, au train où vont les choses, le livre tel que nous le fréquentons et la lecture telle que nous la pratiquons, entreront-ils un jour prochain au musée des Arts premiers. Et l'empire littéraire connaîtra de grands bouleversements. Eh bien, lira bien qui lira le dernier !

Je croyais en avoir fini, mais il se trouve que, hier soir, avec un couple d'amis – et c'était un peu pour fêter à leur insu la fin de la longue lettre que je vous avais écrite –, nous avons regardé, les pieds sur la table et un verre de vin à portée de la main, la version intégrale (près de six heures !) du *Fanny et Alexandre* d'Ingmar Bergman[59]. Magie du DVD… Ah, cette illumination du texte par l'image et de l'image par le texte, et, par-dessous, le vertige des langues : le suédois parlé, l'anglais des sous-titres et le français dans lequel, mentalement nous traduisions ces deux langues ! Je me suis dit, dans la nuit, qu'une époque où l'on pouvait vivre des aventures de ce calibre, où les concurrences du texte et de l'image se métamorphosaient en alliances, où l'on se donnait de pareilles jouissances et de tels vertiges affectifs, après tout n'était pas une si mauvaise époque.

Et maintenant, avec des subjonctifs chers à ces vieux horticulteurs que parfois on surprend à palisser les phrases et à entretenir les motifs floraux de la langue, je vous le dis : combien j'eusse espéré que vous fussiez réelle, Mademoiselle Esperluette. Mais je suis à mon tour tombé dans le piège du virtuel, et force, hélas, m'est d'avouer que je vous ai inventée.

Au Paradou, janvier-juin 2004

59 1982, Oscar du meilleur film étranger.

Table des matières

Dans la même collection

Accardo, Alain
Le petit-bourgeois gentilhomme. La moyennisation de la société

Andrieu, Bernard
Le corps en liberté. Invention ou illusion du sujet ?

Bachelet, Jean-François
L'université impossible. Le savoir dans la démocratie de marché

Deleersnijder, Henri
Les prédateurs de la mémoire. La Shoah au péril des négationnistes

Delruelle, Édouard
L'impatience de la liberté. Autonomie et démocratie

Dortu, Véronique & Somville, Pierre
La philosophie au programme

Geerts, Nadia
Baudouin sans auréole

Geuens, Geoffrey
L'information sous contrôle. Médias et pouvoir économique en Belgique

Gimeno, Paul
Pour une écologie de l'éducation. Technologie, environnement, solidarité

Hennebert, Bernard
Mode d'emploi pour téléspectateurs actifs

Hirtt, Nico
L'école prostituée. L'offensive des entreprises sur l'enseignement

L'école de l'inégalité

Jacquemain, Marc
La raison névrotique. Individualisme et société

Joly, Robert
Libre pensée sans évangile

Klinkenberg, Jean-Marie
Petites mythologies belges

Palermini, Patricia
Misère de la bioéthique

Pinte, Vinciane
La domination féminine : une mystification publicitaire

Raxhon, Philippe
Le débat Lumumba. Histoire d'une expertise

Sloover, Jean
Manuel de survie à la pensée unique

Van Raemdonck, Dan & Van der Meershen, Benoît
Belgique, terre d'écueils. Respect pour le droit d'asile !

Winkin, Yves
La communication n'est pas une marchandise. Résister à l'agenda de Bologne

Achevé d'imprimer en septembre 2004
pour le compte des Éditions Labor
sur les presses de l'imprimerie SNEL Grafics sa
à Liège (Belgique).